# 克服倦怠和低潮的86個心靈紓壓祕方

やめてもいいこと86 心の疲れをとる事典

〔精神科醫師〕西多昌規／監修　洪薇／譯

楓葉社

二〇二〇年四月，為了防堵新冠疫情，日本政府發布了緊急事態宣言，相信不少日本人的生活也隨之遭逢劇變。

擔心遭到感染的不安、想去的地方去不了的不自由感、想見的人見不到的痛苦等，壓力來源可說是不勝枚舉，大概沒有比這更令人感到精神疲憊的時期了吧。

然而當我們回首過去，應該也會發現習以為常的生活中，有不少「其實不必做」或者「不做會比較輕鬆」的事。

- 晨間通勤時搭到擁擠的電車，或遇到塞車
- 令人困擾的人際關係、無聊的工作、不想去公司或應酬
- 在社群媒體上不自覺地抱著炫耀的心態「曬照」
- 和明明不想交流的主婦圈一起吃午餐或喝下午茶
- 無意間衝動購買了不需要的東西

這些原本令人煩躁、提不起勁的事，也因新冠疫情而跟著消失。應該有滿多人為此鬆了一口氣，而我也是其中一人。

我們都希望能儘早回歸正常生活，和想見的人一起度過日子，或自由地前往想去的地點，不過我想應該也沒有人會期待搭到擁擠電車的日子、討人厭的人際關係也跟著復活。當人認為自己「可以解決」時，即使覺得再辛苦也都能克服。然而，當遇到自己無論如何都無法解決的難題，或是在周圍環境迫使下無法按自己步調行事，因而承受各種壓力時，就會變得非常脆弱，導致每天都感到心靈疲憊。伴隨新冠疫情而來的自主管理生活型態，我認為這正好是個機會，能讓我們重新審視平時迫於無奈只能放棄解決的壓力，從中發現「有些事情好像不太對勁」。然而若疏忽大意，新冠疫情前的那些無聊事又會一個個捲土重來。

包含因新冠疫情而意識到的事情在內，本書廣泛列舉了「原來其實『不做也行』」的事，並詳加解說。書中已盡可能地將這些情形簡單彙整，但也許還是有人會覺得：「話是這麼說，但實際上很難執行吧。」可若不趁著這個時候改變自我觀念，很可能會讓自己再次毫無準備地面對疫情前那樣巨大的壓力。

這件事以後不要做比較好、不能再讓這件事像以前一樣發生……各位不妨試著像這樣做出判斷，並以堅毅的意志執行，我相信這將成為大家今後開啟新生活時不可或缺的思考與行為模式。衷心希望這本書能在「放鬆心情」、「緩解心靈倦怠」上，對各位有所助益。

西多昌規

# 目錄

## PART 1 工作方式

## PART 2
## 人際關係

目錄

# PART 5
# 自我思考方式

不做也行
PART 1
工作方式
我了解了
好的
喀噠
喀噠
喀噠
喀噠

# 邊想著「怎麼還沒下班」邊散漫做事

工作結束回家後，打開社群媒體看到實現童年夢想的朋友活躍的模樣，或是看到熟人被委派具挑戰性的工作，過著充實的職場生活……。此時你是否曾想過：「真是耀眼啊。」同時又想：「相比之下，自己怎麼會如此無趣呢……」我相信大家應該都有這樣的經驗。

可是，對人來說，「勞動」向來就不是件快樂的事，會感到「無聊」是很自然的，這並不是件怪異或不好的感受。然而，要從根本上讓工作變得有趣實屬不易，不過倒是有方法能減緩無聊感，那便是珍視自己會感到些許喜悅的事。

例如，在業務部遇到了很棒的客戶、比昨天更有效率地結束了工作、指名自己的顧客又多了一位等等。培養能感受每天工作中的小小喜悅與成就感，這樣的感性十分重要。

建議各位不妨在一天結束之後，把當天的工作過程中感受到的小小喜悅記錄下來。只要花一、兩個月來記錄，一點一滴地積累積極且正向的成果，說不定還會對至今為止從事的這份工作，產生與過去截然不同的看法與心情。相信這麼做在工作時不禁感嘆「好無聊啊～」的次數應該也會逐漸減少喔！

POINT

**覺得「無聊」是很正常的事。**
**累積小小的喜悅，是找到工作動機的開端。**

# 永遠都是辦公室最晚離開的那個人

無法對上司交代的工作說「NO」，即使自己手上的專案堆積如山，也無法好好地把任務分配出去。如果是責任感強又努力不懈的人，會這樣一個人埋頭苦幹其實並不稀奇。可是，有時候這份責任感，反而可能會造成工作效率降低。這是因為假若一個人同時身兼好幾份工作，不但工作品質會降低，也沒辦法創造機會帶領後輩成長或是好好培育下屬，日後假若發生緊急情況時，反而會造成自己更大的困擾。這種習慣背後其實暗藏著巨大的風險。

建議往往習慣承擔太多工作的人，應該養成新的習慣，在接受上司指派之前先想想：「這個工作量在我有空的時間內能完成嗎？」，並且確實停止手上承接許多工作、一心沉醉在「自己真是個努力啊」的狀態。

順帶一提，與歐美國家相比，儘管日本仍然顯得進展緩慢，但現在已經逐漸有企業開始積極導入方便的商務聊天室等軟體，使得專案內容得以可視化；同時透過線上作業的全新模式，隨時都可共享以往只能由一個人從頭負責到底的專案資料。相信這樣的新機制，應能減輕個人所承擔的龐大工作負荷。

POINT

**不要沉醉在「我真是個努力的人」的想法中。接受工作指派前，要先確定能在充足的時間內完成。**

# 搭到沙丁魚電車而焦躁不已

已經很令人憂鬱的通勤路上，又遇到乘客爆滿的擁擠電車……，而且無法保持社交距離這點也令人備感壓力。這裡我想向各位推薦的是「時差通勤」，特別是早上容易感到精神不濟的人，這可能是因為出門上班的時間與你的生理時鐘不合的關係。

生理時鐘是我們出生就具備的、約以二十四小時為周期的生物節律系統。但其實這個系統有階段區分，十～三十歲前半屬於「夜間清醒」（夜型）；三十歲後半以後的年齡則是「晨間清醒」（晨型）的傾向。而其中夜晚最清醒的族群是二十歲左右的男性，他們生理時鐘的夜晚狀態要比早上好。按生物節律的理想，最佳的時差通勤分配是超過三十歲後半的人在「晨間出勤」，其他較年輕的族群則在「十點～中午出勤」，而這也是最具生產力的工作方式。

然而，有些公司很難改變出勤時間，所以我們自己也必須多下功夫，避免搭到擁擠電車。例如改搭會停靠各站的列車，雖然搭車時間會變長，但能避免搭到擁擠的快車，還能利用時間讀書或冥想，如此一來便能把曾令人感覺痛苦的早晚通勤，變成豐富充實的時光。

POINT

**利用乘車的時間讀書或是冥想，把通勤時間變成自己的充電時光。**

# 明明可以遠距，卻進辦公室開線上會議

受到新冠疫情的影響，積極引進遠距辦公模式的企業逐漸增加。

自二〇二〇年以來，以IT企業等產業為中心，部分業種開始鼓勵遠距辦公，然而該成果與今後是否續行，則是各企業見仁見智。其中可能也有一些企業是趁著疫情改成遠距辦公，但卻發現工作比想像中要難以執行，而想要改回「以往的工作模式」。

儘管隨著科技進展，現在的工作方式變得愈來愈多元化，然而一般仍是依據公司規定來決定上班的型態。就算員工再怎麼認同「遠距辦公比較好！」也不能輕易無視就業規則，自行改變上班方式。如果公司認為遠距能提升產能與效率，也許如此提案還有可能獲得高層允許，但實際上改變難度終究極高。

各位可以試著向公司建議，說明遠距辦公能讓工作更有效率；**如果商談結果不符合期望，或是與自己的想法相左時，或許也可以考慮是否該轉職，不妨將這個商談結果視為重新檢討工作方式的機會。**最重要的是，各位務必要抱持「新的工作模式，以及最佳的工作方式，都是由自己做出選擇」的意識與意志。

POINT

**遠距辦公等新型態的工作模式正快速擴展，不妨視為重新審視自己工作方法的好機會。**

# 總是秒回工作信件、LINE訊息

現代人每天都忙於回覆信件或LINE群組的訊息，也有人對於客戶或上司不知道什麼時候會突然聯繫或發出指令而備感壓力，就連休息時間也放不下手機……。

當你一直在意是否有新的訊息，導致明明沒有跳出通知，卻好像聽到來電鈴聲或震動通知時，便很可能是患上了幻機症，也就是一種手機成癮症。因此每逢週休假日或工作結束之後，建議各位應該盡可能地與手機保持距離。

然而在職場當中，想這麼做可能就有困難，而且你回覆訊息的速度有時還會被對方用來衡量評估你的「工作幹勁」。話雖如此，各位也必須明白，並不是所有的信件或LINE訊息都必須做到馬上回覆。

舉例來說，如果是商談或洽談日程等需要調整行程的事，「秒回」才是職場的禮儀。可是對於講求謹慎判斷的案件，則應該花相應的時間思考，審慎評估後再回覆。具體來說，當我們收到需要深思熟慮的專案信件時，可以先回覆對方「請給我兩到三天的時間」，接下來就在期間內給予正式的答覆即可。至於回信的速度，則應依內容做出區分。

POINT

**所有案件都要秒回是不可能辦到的事，依訊息內容與重要性，調整回覆的速度。**

# 不敢請有薪假，全年無休埋頭苦幹

隨著政府主導的勞動制度改革，日本上班族似乎比過去更容易請休假。然而這個轉變僅止於規則，實際上，在現今的辦公室氛圍之下，要向公司請有薪假仍是充滿阻礙。

然而，有薪假終究是法定的規則，如果員工想請假，還是得要好好提出申請。話說回來，**連續工作的疲勞狀態，會降低工作的動力與效率**。充分的休息有時可以讓我們從工作以外的經驗當中獲得靈感，並且在充電後，能以更積極的心態面對職場工作。換句話說，**員工請有薪假對公司也是有好處的**。

POINT

**有薪假是法定給予的保障。請假對公司並非都是壞處，應適切地提出申請。**

除此之外，各位在請假時也要留意幾點事項，第一是儘早告知大家自己要休假這件事，第二是盡可能地提前做好相關工作的交接，也要向主管與交接同仁報告目前的進度，避免在休假期間造成他人困擾。

雖然請假本來就不需要理由，但若是各位覺得難以開口，有時也是可以撒個小謊，比如要參加朋友的婚禮或追悼會等，強調自己「必須要請這個假」。接著就在休假前把工作完成，讓自己好好放個假吧！

# 朝九晚五都得戴著笑容面具

才想著終於到了公司，一坐下來就發現有一堆信件要處理，一切令人不由地感到煩躁……。有些早晨實在讓人難以發自內心露出笑容。

儘管身心狀態因人而異，但在工作之際，我們必須時時留意職場氣氛，適時展露笑容（即使有時得帶著口罩只露出眼睛）。可是，如果你對這樣的隱性規則會感到疲憊，便很有可能是你對自己的服務精神有著高標準的要求，甚至遠遠高於職場所需。

假若是櫃台、銷售職務或餐飲業等需要接待客人的職場，笑容確實具有很大的價值，但過度的笑容與活力對於辦公室的工作型態來說，卻不是必要的。勉強擠出的笑容，並不會為企業帶來直接利益。即便如此，你若仍然自我期許「我必須要帶動良好氣氛」、「必須要展現出開朗的笑容」時，很可能是因為你**對於自己的工作本身就缺乏自信**。如果你也有這樣的自覺，那麼比起勉強微笑，你更應該先解決「如何對自己的工作產生自信」的問題才是。

職場也是人人聚集的場合，「總是擺張臭臉」就社會禮儀而言確實是個問題，但我們還是應停止「一直微笑」，以免積累壓力。

POINT

**比起努力不懈地保持嘴角上揚，避免積累過大的壓力更加重要。**

# 上下班沒有界線，全天都在工作模式

如果是公司經營者，二十四小時全天候都處在工作模式並不奇怪。這些人畢竟抱持「這是我的公司」的特殊情感，也有責任得自行帶領事業成長。此外，在大學或研究機構的研究者們，也容易經常處於工作模式下，但這也是因為他們時常思考自己的研究，不停地在生活中追尋靈感，以期找到新方法與新發現。

如果是像上述這些人，由自己主動推進工作的「自發性工作模式」，當然完全沒有問題。可是假若是被迫處理「他人交辦的工作任務」時，那麼工作模式的切換就變得非常重要了。如果無法關上開關，長時間持續處於緊張狀態會累積過多的壓力，最終對身心產生不良的影響。

為了避免導向這樣的結果，我們應該建立讓大腦意識休息的生活模式，在一天之中撥出三十分鐘左右，透過事先規劃休息時間會是很有效的方式。舉例來說，在這三十分鐘內停止看電腦與手機等行為，並花點時間專心烹調料理或伸展身體等等，撥出工作以外的時間。其中我最推薦的活動是慢跑，不但能紓解壓力，還具有增強體力的積極效果，對於職場人士而言，是很適合用來切換模式的活動。

POINT

**長期處於緊張狀態，會累積過多的壓力。職場人應適時規劃慢跑等休閒活動，切換模式。**

# 一切奉獻給工作，放棄私人生活

無論男女，總會有一部分的人習慣以工作為優先，往往沒有時間為自己培養業餘興趣、談場戀愛、結交新朋友、與家人交流，或是透過職場之外的管道自我啟發等。

**放棄私生活並把職場擺第一的人，不但對工作充滿動力，也具有非凡的責任感。**事實上，當中也有許多人擁有極高的自尊心與強烈的上進心，希望能早日出人頭地，並且在事業上獲得無可比擬的成就。

確實，充實的工作時間能夠讓人生變得富有意義，但為了工作而犧牲掉所有的私生活其實很可惜的。畢竟，就結果來說，**擁有充實的私生活能夠提升工作的效率與成果表現。**培養興趣、交友與談戀愛等生活體驗，連帶地也會產生新的人際關係，豐富人生經驗，讓我們能夠以新的視野看待事物，或是增加我們身為人的廣度與深度。此外，悠閒地度過私生活的時光還有不少好處，例如能緩解工作時累積的壓力，或者讓心情變得輕鬆，能更集中在工作上。

也就是說，**職場工作與個人私生活若能達成平衡，便可進一步產生相輔相成的效果，**使我們的人生更加精采豐富。

POINT

**私人生活所產生的新人際關係與豐富的人生體驗，最終都能反饋到工作表現上。**

# 不想當
# 最早下班的人，
# 每天加班到很晚

一抬頭看時鐘發現已過了下班時間。雖然你已經完成自己的工作，也結束了明天的準備，可身邊的前輩與上司卻都沒有要離開的跡象。由於實在說不出「我先回家了」這句話，今晚的你也只好繼續加班……。

專案量大到無法在上班時間內完成當然是個問題，但是上司不先離席，其他人就無法回家的職場風氣也是個問題。**加班會直接導致睡眠時間減少**，若睡眠不足，必定會降低工作效率與思考的能力，這可是關乎員工「身體、健康、性命」的大問題。

如果你已經連續加班多日，因為睡眠時間被剝奪而身心備感壓力時，請一定要空出時間好好休息。只有你才能守護自己的健康。

這裡來推薦一個有效的方法，那就是**自己訂出「不加班日」**。以日本的工作改革法案為例，「每月加班超過一百小時，已違反勞動基準法，可依法開罰」。「勞工不可過度加班，企業亦不可使勞工加班」可是法律的明文規定，剩下要做的就只剩鼓起勇氣，建議先以每週一次的頻率，試著開口說：「我先回家了。」當你嘗試說出口時，會意外發現這其實並非難事。

POINT

**加班會直接導致睡眠時間減少。**

**先從每週1次開始，試著開口「我先下班了！」**

# 休假時間依然想著工作上的事

本來應該是輕鬆愉快的休假，卻莫名閒得發慌；而一直在意工作的事，無論是約會還是培養興趣都無法盡興。就算請了有薪假出遊，泡在溫泉池裡也因為滿腦子都是工作，根本沒辦法好好放鬆……。

如果你一直處於在意工作，**而無法享受休假的狀態時，那麼你很可能已經離「週末憂鬱症」**不遠了。

週末憂鬱症是指上班的平日雖然很有精神，但只要到了週末（或是休假）就會生活作息就大亂，並陷入情緒低落的症狀，據說這個現象的根源是來自人於對工作的不安。

然而，若心靈連週末都被工作占據，就等於是一年三百六十五天都在上班。當你開始發現自己「不知怎麼地最近無法享受休假」時，應該先從調整生活節奏開始。建議無論平日或假日，起床、吃飯，還有睡覺的時間都要一致，**並且在休假中規劃「自我享受！」的時光**。例如到喜歡的咖啡廳悠閒地看書，或是與平時沒什麼時間關照的貓貓狗狗玩耍也行。透過生活節奏的改變，慢慢找回社會人士「不用工作的日子＝幸運日」的這種感覺吧！

POINT

**無法享受休假，可能已經離「週末憂鬱症」不遠了。應儘早調整生活的節奏。**

# 最終目標是成為大企業的一分子

基於「穩定且待遇佳」、「為了讓父母放心」等理由，在過去終生僱用是理所當然的年代，進入大企業就職可說是社會地位的象徵。然而與過去相比，現今工作型態的選擇變得十分多元，而終身僱用制度則在漸漸崩解。即使躋身大企業，也不能保證不會失業，很遺憾地我們不再能無法期待終生穩定了。

此外，當進到員工人數多的公司時，即使你是追求工作意義而進入公司，也有很大的機率會被安排到不是自己理想的工作崗位。無論公司規模是大是小，都有可能發生求職時對企業抱持的印象，與現實存在差距的狀況。

事實上，根據日本厚生勞動省「社會新鮮人就業者的離職狀況（西元二〇一六年三月畢業的狀況）」，「社會新鮮人在就業後三年內的離職率」為百分之三十二，也就是說，進入公司三年內就有大約三成的年輕人離職。雖然離職的理由五花八門，但即使是大公司且經營體制穩固，也有人會因人際關係而身心俱疲，選擇離職。

如果你現在正在思考就業或轉職，建議不要只以「總覺得大企業很穩定」為理由，更要考量自己的價值觀來決定欲任職的公司。

POINT

**「大企業＝穩定」早已成了過去式，應以自己期望的工作型態為主軸，決定投履歷的公司。**

# 一心一意只想
# 出人頭地

「成為上班族後，我要出人頭地。在同期中最快升到中間管理職，接著當上部長。再接下來我要成為執行幹部，然後成為董事，如果運氣好我一定要爬到社長的位置！」不分性別，都少不了像這樣執著於出人頭地的人，比起收入，他們更看重「社會地位」，獲得周圍人的景仰能讓他們很有成就感。

如果能夠持續在角逐競爭中獲勝，固然是件好事，但人生還是有可能遭逢背叛自身努力的意外事件，例如遭遇新冠疫情衝擊下的經濟不景氣，一夕之間就忽然失去了工作。人想要出人頭地的慾望有多強，失去名片上的頭銜或地位時的失落感就會有多大，因此患上憂鬱症等身心疾病也就不意外。

為了避免導致這樣遺憾的結果，我們應該培養**豐富的人際關係，不只是執著於專業知識、技術與工作專案，並好好發掘出人頭地以外的自我價值**。除此之外，平時就要多方思考，除了頭銜外，身而為人的自己最重視的是什麼？在社會上力爭上游，僅僅只是一個人所表現的一個面向。即使從那場競賽當中被剔除名單，也依然有許多場合需要你！

POINT

**職業生涯會在某一天突然告終，平時就應該思考出人頭地以外的自我價值。**

# 勉強與興趣不投和的人交流

與學生時代無關利害的交友關係不同，自從出社會投入職場之後，身邊就不時會聽到「人脈對工作很重要」、「不論在公司內外都要積極拓展人脈」這類建議。

而現代社會因為有社群媒體這項強大工具，無論是只有一面之緣的對象，還是遠在國外的陌生對象，就算在家裡也能透過網路輕鬆地與對方成為「好友」。

與此同時，相信應該也有不少人在面對社群媒體時，反而浮現「要和各種人交流好有壓力」、「一直守著動態更新，心好累」這類疲憊不已的想法。如果你會這麼想，其實就**沒有必要勉強自己刻意去拓展人脈**。畢竟，即使透過社群媒體增加了「網路好友」的數量，也無法加深現實中的人際關係；而且與陌生人產生聯繫，也有可能招來危險。

在此我會希望大家記住一個觀念，能夠在緊要關頭發揮作用的人脈，終究是自己有實際交往、在現實生活中培養出交情的對象。即使這些人脈為數不多、範圍不廣，也都沒有關係。我們要珍惜的好友是能實際見面講話，能與自己建立信賴關係的人。

POINT

**沒有必要勉強自己加「好友」。緊要關頭能伸出援手的，是與自己有實際交往的對象。**

# 想換工作，
# 卻遲遲不敢行動

你雖然想要轉職，但檢視自己的履歷與過往經驗，卻沒有什麼特別吸引人的證照，也沒做過什麼能讓你在面試時自信地報上門面的職務。相信沒什麼比對自己投入職場至今，履歷卻依然平平無奇還要更令人沮喪的事了。儘管如此，「我還是想轉職！」的話，該怎麼辦呢？

這時應該要先冷靜下來，試著分析「想要離職的理由」。例如，有的人好不容易進入公司後，卻因為「和想像的不一樣」、「工作不有趣」等理由離職，於是就在沒學到半點工作技巧的狀況下，三番五次地換工作。即使轉職了，也很難獲得新公司的認可。

在此，我想建議各位不妨換個觀點，試著在目前這間公司再努力一下，學到什麼新技巧後再離職。比如你是業務，「能流暢地進行業務對談」、「有完整的業務經驗」都是很棒的技巧。如果你具備這些基本技巧，在面試時就會被對方視為是可以立刻派上用場的專業人才，轉職之路自然也會更加順利。

可是，如果你遇到的是惡劣的職場環境，身體快撐不下去，或遭受上司權力騷擾等情況時，就不要勉強忍耐，趕緊逃為上策！

POINT

**不妨換個角度思考，先學到技巧後再離職。但如果是惡劣的職場環境，還是趕緊逃吧！**

# 對沒辦法工作的自己感到焦慮沮喪

日常工作中，不知不覺累積的壓力造成心理問題。近年來，日本有愈來愈多員工因為憂鬱症等心理健康問題而選擇停職或留職停薪。根據日本獨立行政法人「勞動政策研究、研修機構」於二○一六年展開的調查，過去三年間感到抑鬱、沒有幹勁等精神狀態不佳的人，占全體的百分之二十五・七；在感到自己患有憂鬱症等心理問題的人當中，有百分之十三・三向公司提出停職。

這些人之後即使已經能過上正常生活並順利復職，**也會為了重新掌握「做好工作安排」的高度職場技巧，花上相當長的時間**。不難理解過程難免會令人產生「我休息了這麼久，會對公司同仁造成麻煩」、「我會不會就這樣再也無法工作了」等不安的心情。但我建議，首先還是要讓自己的身心好好休息，不要急於復職，並且專心療養。可以找上司或主治醫師商量，同時也別忘了要好好利用社會保障制度。

此外，病情要找主治醫師商量，但關於工作或再就業的煩惱，則要諮詢精神保健福祉士或社會保險勞務士（※譯註：台灣的相關機制為勞保局的「就業服務處」，或社工團體的「就業輔導員」），相信專業的他們一定能助你一臂之力。

POINT

**不要焦急，把身心的休養與調整擺在第一位。尋求上司與專家的建議，按自己的步調前進即可。**

# 離鄉背井到都市，能夠順利生存嗎？

「好想在都市住一次看看……」應該有不少人會莫名地憧憬都市的生活。實際上，確實也有不少人因為就學或就業等契機，離開家鄉來到曾經嚮往的都市，期待從此開展幸福的生活。然而現實人生卻是——都市生活並非只有快樂的事。最大的問題，果然還是都市高昂的生活費。大都市的房租非常貴，而且這是一筆每個月都要繳納的固定開銷，你得確保有足夠的收入持續支付。也因此可能發生好不容易搬家住進嚮往已久的都市，卻將工作所有的收入都拿去繳房租了，導致每天只能勉強度日。

再就現實層面來看，也許你還是會對都市生活抱持擔憂，但隨著新冠疫情流行，原先令人心懷不安的狀況正在逐漸轉變。現在居家辦公的工作型態正慢慢地融入社會，「不需要進入辦公室的工作模式」有望在今後擴展。一旦轉變為「每週只進入公司幾次，或者完全不需要到公司」的型態時，即使是從郊區到都市圈就業，也無須考量通勤的便利性，而勉強自己住在房租高昂的都市。就算公司位在蛋黃區，也還是能在「租金便宜的市郊生活」的話，應該也就不用太擔心工作或金錢了。

POINT

**隨著居家辦公的普及，人們不必住在房租高昂的蛋黃區，不妨選擇郊區通勤上班。**

# 想成為家庭事業
# 兩雙全的
# 職業女強人

過去日本社會有著「男主外、女主內」的不成文規定，然而自二〇〇〇年後，調查發現雙薪家庭的戶數開始超越了全職主婦家庭，而且該數字正在逐年遞增。

在這個時空背景之下，對於雙薪家庭的夫妻而言，家庭生活與職場工作兩者間的平衡，永遠是夫妻的課題。理想上，當然是希望能夠「兩全其美」，但是家庭生活日復一日永無止盡，而職場環境也不可能全都稱心如意，現實是不可能達到盡善盡美的。

有鑑於此，我建議夫妻可以相互錯開彼此的工作行程，在不造成負擔的前提下決定好家事的分擔，以盡可能地讓家庭與工作雙方面都能順利進行。但是各位也應留意不要在家事分攤上太「講道理」，因為工作上也可能會出現預料之外的問題，如果不能從容以對，很可能會連帶產生新的壓力。壓力是身體不適的根源，無論家庭或工作都會因此會蒙上陰影。關於家事的分配，各位也可以考慮「花該花的錢」來節省力氣，例如尋找家事服務專員，或是添購洗碗機等家電用品。讓家庭事業十全十美的關鍵，是「找到讓自己更輕鬆」的方法。

POINT

**在家事上和伴侶太講道理不見得有用，不妨考慮「花錢換時間」來節省力氣。**

# 不敢說出
# 自己的意見

企業組織中總免不了人事異動，像是原本合拍且關係良好的上司，突然換成難以應付的主管類型，職場人際關係的煩惱總是永無止盡。當我們遇到不合拍的上司時，應該有不少人害怕自己的提案被上司否定，或覺得說出真心話只會導致彼此關係惡化，結果就放棄說出己見。其實，表達自己的意見並沒有想象中那麼可怕。只需要好好地傳達內心的想法，還可能因為展現熱忱而獲得上司的認可。

為了順利將自己的意見傳達給上司，事前必須要做好準備，建議各位從平時就要培養良好的關係。首先可以從日常對話開始，例如適時問候、找機會閒談，或是透過負責專案尋求意見，先與對方建立關係。接著在表達時，「不要當成是主張自己的意見，而是給予建議」，此時就無須在意你建議的內容是否有獲得上司的認可，即便對方只接受一部分也行。像這樣反覆多次之後，當你發現上司開始願意傾聽你的意見時，就可以漸漸地把傳達內容從「建議」改成你的「意見」。對上司而言，**認真且積極對待工作的下屬可是不可多得的存在**。闡述自己的意見，正是與上司建立信賴關係的關鍵。

POINT

**一開始先不要想成是自己的「意見」而是「建議」。當你不再壓抑自己，環境就會產生改變。**

為努力的你

消除疲勞的小專欄

1

## 生活索然無味時，試著揚起嘴角微笑

就算聽著最喜歡的音樂也無法平靜下來，也無法埋首於興趣之中，當什麼事都讓你覺得「無趣」時，這可能是因疲勞累積，導致你的身心無法好好運作。

這時建議各位可以試著揚起嘴角微笑。即使心裡沒有覺得快樂，只要揚起嘴角露出笑容，這個表情肌的動作也會讓大腦產生「快樂」錯覺。

如此一來，腦內便會開始分泌帶來幸福感的賀爾蒙——血清素，以及會帶來興奮感的神經傳導物質——腦內啡。特別是血清素能讓腦袋不只單純感受到喜怒哀樂，它能讓大腦處於更容易感受到「深切情感」的狀態，維持有如親近美好大自然時的滿足與幸福感。此外，血清素還具有提高免疫力、提升睡眠品質的效果，不僅對於心靈，對健康也有效。

雖然不論是誰無聊時都會面無表情，但只要養成一個人在房間時「嘴角上揚」的習慣，不僅能緩解「無聊感」，還能提升免疫力。

# PART 2 人際關係

# 勉強自己參與
# 團體活動

我家老公又喝到七晚八晚才回家……
又？
他不覺得應該要早點回來幫忙帶孩子嗎？
我懂我懂，對吧？
是…是呢……
哈哈哈…
閒話
○○○幼稚園
家常

如果是與學生時代的朋友等私下的聯繫，就沒有必要勉強自己加入話不投機的群體。雖然以前感情很好，但隨著生活環境轉變或是現有立場不同，步入新的人生階段後變得和朋友聊不來也是常有之事。可是若因為生活差異太大而無法同理對方的煩惱，或者對自己的境遇心生不滿而產生嫉妒心理，基於種種理由導致你無法與對方好好交流時，建議不妨先保持距離，等待未來能夠再次愉快聊天的時刻到來吧。不過，你也許也會遇到公司同事或主婦圈這類需要稍微努力才能打入群體的場合。

當人們在建立新的人際關係時，大致可分為「慢熟」與「快熟」這兩種類型，且**對話的「時間差」**也會因人而異。

有的人會覺得交很多朋友，人生才有意義；也有的人則認為人數少，但關係長遠的友誼更有價值。**人對於朋友的定義存在著「個體差異」**。正是因為前面所說的「時間差」與「個人差異」會受到個人的特質所左右，因此當我們參與團體活動時，沒有必要配合他人，也不必為自己的不合群而感到焦慮。只需要按照自己的步調，找到能與自己處得來的人就行了。

POINT

**建立人際關係所需要的時間會因人而異，對於朋友的定義，也是一百個人就有一百種見解。**

# 心懷不滿也還是接下額外的委託

不論是朋友關係、鄰里社區會議，或是PTA（※Parent-Teacher Association，又稱親師協會）等，都經常發生把負擔強加到其中一名成員的情形。容易被現場氛圍影響或不擅長拒絕他人請求的人，往往也成為被推託的箭靶。如果當事人擔心「表達不滿，會不會被大家討厭」，結果就不自覺地順應對方的要求。但是，請把拒絕視為是一種自我保護的手段，果斷提出自己的看法。

事先書寫整理「自己想說的話」以及「想要拒絕的事」是個有效的方法。自己預先做好心理準備後，與對方見面時，便能更容易宣告：「這次的任務我接受，但從下次開始我就會拒絕。」然而做好心理準備的訣竅，**並不是突然就脫離群體，而是慢慢地減少與這些人的接觸**。可以透過「最近非常忙碌」這類藉口，逐漸拉開與團體的距離；收到聯絡郵件或LINE訊息時也不要第一時間回覆，一開始先放置個三十分鐘再回覆，接著逐漸拉長為一個小時、兩個小時，慢慢降低交流的頻率。

不能害怕與他人發生摩擦。哪怕你只在一瞬間容許自己「現在我就忍一下」，也會讓對方有機可趁，最終導致「一下」變成「一輩子」。

POINT

**開會前整理自己想說的話，並預先做好心理準備。「隱忍一時」很可能會變成「隱忍終生」。**

# 只能和同年齡層的人交流來往

總是埋頭於工作的社會人士，想要交到「新朋友」的機會少之又少。私下能稱為「朋友」的大多是學生時代就認識的人，而這些人理所當然與自己處於相同的年齡層。可是，與自己年紀相仿的人對話固然輕鬆，卻很難換新話題或從中獲得新知……。對於有必要增廣見聞，並獲得能夠活用於今後工作與增進人生歷練的資訊或想法的社會人士而言，和有年齡差距的人交流其實是十分重要的一件事。

與不同世代的人往來，能接觸到各式各樣的思考模式與人生經驗，在活化大腦的同時，也許還能迸發新的發現。

過去與不同世代相互認識的場合，主要集中在酒吧、居酒屋或交流會等相當有限的地點，然而現今有「社群媒體」這個工具。在現實場合，一個二十歲左右的年輕人突然試圖要與四、五十歲左右親近時，過程中難免還是會覺得有代溝；但如果透過以興趣交流為主的社群媒體工具，便能更容易培養跨越世代的友誼。

此外，假如是已年過三十的人士，也應積極地與「下個世代」交流。接觸年輕一輩的文化與思考方式，能讓心情與思考模式都更開闊。

POINT

**如果覺得最近似乎遇到瓶頸，不妨從同溫層以外的人那裡獲得靈感。**

# 總是很介意群組裡的對話

LINE是以「對話形式」進行的應用程式，不僅可以用來與家人或朋友交談，作為團體聯絡的工具也很方便。然而與實際對話不同的「文字資訊」其實也會產生一些問題，例如我們只能透過簡短的文句來判斷對方當下的表情與反應，難免會因此判斷失準；還有因為自己的訊息會直接以文字形式的保留下來，傳送之前自然得小心翼翼地再三檢視。

如果你對LINE群組對話的交流模式感到有壓力時，建議你不妨在符合該群組最初建立目的的「要事、急事」時使用。

話說回來，團體成員間之所以要建立群組，就是因為群體中有「某些必須共享的資訊」，例如朋友的結婚典禮、公司內外部的讀書會、親師協會等各種團體為了決定日期、訂立活動集合時間等需要討論的事項。換句話說，群組建立一定有其「原本目的」，成員只要有簡單達成該目的即可。然而令人介意的，其實是對話裡會混入脫離主題的「閒聊」，頻繁跳出的訊息往往讓人不勝困擾。

不過實際上，只要對話中重要的事務或急事講完後，其實就可以隨時離開，不用勉強加入後續的閒聊。群組聊天應簡潔至上。

POINT

**目標鎖定群組對話的重要事情、緊急事項，講完後就可以離開，不用勉強加入無謂的閒聊。**

# 臉書、推特、IG 都要每天回覆貼文

現今正是社群媒體大行其道的時代。使用時若能保持適當的距離感，那麼社群媒體將會是個好處多多又充滿樂趣的工具。不過，如果網路上的交流開始讓你感到痛苦，例如因為沒有得到回覆而感到沮喪，或者為了要花費心力回覆好友的每一則貼文而備感壓力等，就代表你可能到了需要施行「社群媒體減肥」的時期，應該重新檢視自己與社群媒體的相處方式。

最近，社群媒體已經不單純只用來交友，也有不少人會將其宣傳力運用在工作上，也因此人們會愈來愈在意他人的反應，導致出現不少身心俱疲的狀況。

如果每天都感到「好辛苦、好痛苦……」，持續累積的壓力就有可能侵蝕身心。如果你開始對社群媒體產生依賴的危機感，建議要先試著保持距離。要是現階段刪除帳號有困難，可以先將訊息通知設為靜音，或者規定整天都不用的日子，這都是可行的方法。重新檢討自己重要的時間該如何安排，將平常花在社群媒體上的時間，改利用在做料理，或是慢跑等會讓自己心情愉悅的事物與習慣培養上。畢竟，就算一直「按讚」，日常生活也不會變得充實！

POINT

**也許我們都到了該為社群媒體「減肥」的階段。把寶貴的時間一直拿來「按讚」很浪費！**

# 好羨慕看起來光鮮亮麗的人

拿自己與其他看起來很幸福的人相互比較，好像是人類社會的宿命，無論身處什麼時代，對幸福感的追求總是永無止盡。尤其最近因社群媒體的盛行，原本如果不是很親近的關係，就不會看到的「其他人家」的生活，在網路上很輕易地便能窺見一二。

從精緻講究的飲食生活，到充實的私人生活安排、結婚、戀愛、生兒育女，每天都有許許多多的人們不斷在網路上發布消息。然而，看起來幸福美滿的光景，僅僅只是那個家庭生活全貌的其中一部分罷了，我們身為旁觀者其實無法真正得知他們是否真的「幸福」。

儘管如此，假若你仍然會羨慕他人，則可能是你內心深處認為自己處在「不幸」的狀態，或是抱有某種心結，結果把焦點放在自己未被滿足的部分。**羨慕他人絕對不是什麼壞事。坦誠地覺得「羨慕」，便能知道自己會對什麼事物感到幸福，而且這種心情也能成為我們訂立並達成目標的原動力。**但如果光是看到就感到痛苦不堪，保持距離也很重要，這時就應該設法不要主動看會引發嫉妒的發文才是。

POINT

**無論是誰都會產生「羨慕」的心情。**

**如果一看到就會感到痛苦，請與社群媒體保持距離。**

# 想讓所有人都喜歡自己

每個人心裡或多或少都藏著「想被所有人喜歡」的想法。

職場的人際交往上，與他人維持某種程度的友好關係，固然能使工作進展得更加順利；但如果你強烈地認定自己「必須要當個好人」，而且經常為此感到疲憊時，那麼你可能需要改變一下思考方式。

話說回來，人際關係上有合得來的人，自然也就有無論如何都相處不來的人，這是理所當然的事。「要讓所有人都喜歡自己」是不可能的。即便如此，如果你還是會害怕被別人討厭、總是在意少數那幾個不接受自己想法的人，總有一天你會發現人際關係讓你喘不過氣，接連引發的煩惱變得像是永無止盡。此外，這種心理也會帶來無法坦然拒絕自己討厭的任務、無法說出自己的意見等壞處。

不過，即使知道自己抱有這種心態，短時間要改變意識也並不容易。**首先我們可以先試著與自己合不來的人保持距離，並積極地與喜歡自己的人們相處。**將自己置身於舒適的環境，應該就能漸漸從「必須要讓所有人都喜歡我」的壓力之中解放出來！

POINT

**就算不是每一個人都喜歡自己，生活也能繼續。認清人際關係中有敵人，也會有伙伴。**

# 理想對象的標準要 100分才合格

要是能遇到自己的理想型，而且彼此深深相愛、互為對方的靈魂伴侶，這樣的人生該有多麼充實啊！但是，世界上並不存在全然符合理想的完美人類。人各有優缺點，而這也正是人類的特質。如果僅考慮不切實際的理想標準，我們的擇偶條件會提得非常高，很可能無論到哪都找不到「那個正確的人」。

一般來說，執著於理想對象的人，比起「對方的魅力」，會更傾向以「是否符合自己要找的對象」來評斷每一個人。也就是說，這些人在交往的最初就沒有好好地了解對方，或許也不打算深入理解對方，自然也就難以展開戀情；即使開始交往了，也很難維持戀愛關係。

假如你正認真地尋找未來伴侶，首先要做的是確立自己所追求的理想對象的人物形象。有時你可能會發現，至今模糊想像的理想形象與你實際上所想的有所不同。那麼有什麼方法可以幫助我們找出形象呢？可採取的方法有**具體地寫下自己所追求的「理想」，然後將其中「絕對不能退讓的條件」圈起來**。藉由這樣的梳理，便能確立你對於對象的理想條件。知道自己不能讓步的點正是邂逅理想對象的第一步。

POINT

**這個世界上沒有完美的人。首先請好好地客觀檢視自己的理想對象。**

# 堅持不懈地追求夢幻邂逅

在當今這個科技進展飛速的時代，只要人手一支手機，就能輕易透過社群媒體的相親網站、配對APP，無論何時何地、任何原本不相識的人們都能相互結識。而且近年來受到新冠疫情的影響，相親活動變成以線上為主，人們能愈來愈輕鬆地進行交流。

選擇變多，乍看之下似乎是件好事，但實際上當能夠挑選的對象愈多，人會愈傾向懷疑自己當下做的決定是不是一個好選擇。即使遇到不錯的對象，也會覺得「也許之後還有比這個人更好的人選」，在還沒徹底善用邂逅機會之前，就斷然結束了交流。

除此之外，與初次認識的人互傳訊息，本來就是一件會消耗時間與體力的事，還會出現同時要與多人對話的麻煩事，或者稍有不合時便馬上認定「這個人不行」而斷絕往來。**然而這類交友活動的原始目的，本來就不是要認識很多人，而是要找到絕佳的對象。**建議各位應把「邂逅」這件事擺在第一位，而不是平白地消磨精神。為了好好認識對方，我們也應該盡可能地給彼此保留私人的空間，這樣一定比盲目追求邂逅能帶來更好的結果。

POINT

**相親交友活動的目的本來就不是「增加邂逅」，而是為了「找到絕佳對象」。**

# 勉強自己
# 投入一段戀情

無論是電影、電視劇或是歌曲，古往今來戀愛始終都是再經典不過的主題。然而這些不斷訴說戀情的作品，也不免讓單身者納悶「沒有談戀愛的自己，該不會是少數的異類」。但事實上，**有交往對象的男女才是少數**。根據日本的社會保障與人口問題研究所於二〇一五年針對十八歲以上、未滿三十四歲的未婚男女所進行的「交往相關調查」，男性當中約有七成、女性則約有六成沒有交往對象。這麼看來，正在談戀愛的人其實才是稀有人口呢。沒有男女朋友的你，其實沒有必要特別感到憂慮。

假如你感覺「一個人比較輕鬆自在」，那麼現在這個時期就不用勉強談戀愛。與者當你認清自己「不知道喜歡是什麼樣的情感」時，也可能是約會、結婚或同居這些人生階段與議題對你來說太有壓力了。

如果自己會對沒有伴侶這件事感到寂寞，不妨使用配對APP等方式挑戰「尋找戀人」。雖然我們應該積極拓展邂逅的機會，但如果覺得沒有必要，**那麼「不談戀愛」也是一個不錯的選擇**。假如僅僅是因為在意周圍人的眼光而去談戀愛的話，最終可能也很難順利。

POINT

**談戀愛的人其實是少數。如果覺得一個人比較輕鬆，就只是現在正剛好來到這個時期，不用想太多。**

# 遲遲放不下
# 上一段戀情

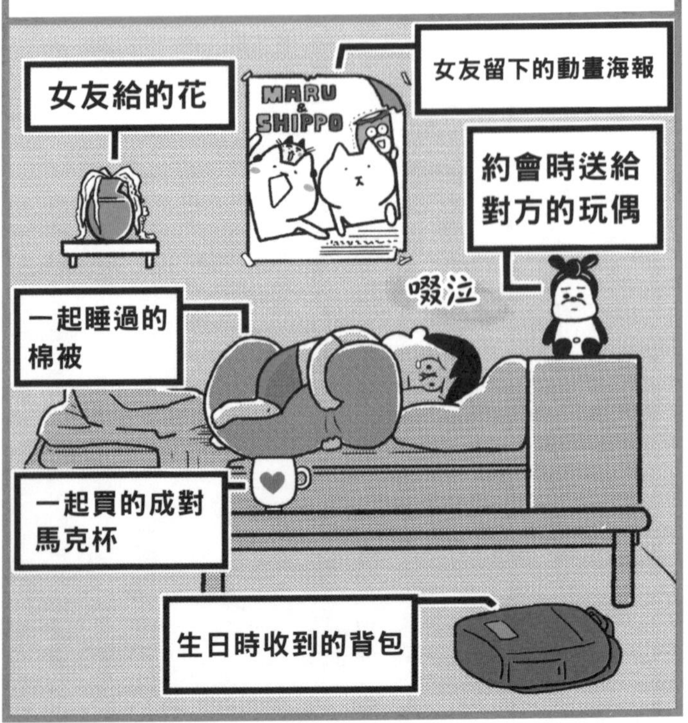
女友給的花
女友留下的動畫海報
MARU & SHIPPO
約會時送給對方的玩偶
啜泣
一起睡過的棉被
一起買的成對馬克杯
生日時收到的背包

當我們透過社群媒體或他人轉達，得知前男友、前女友有了新戀情，或是結婚、生子等，人生不斷在前進，反觀自己卻從分手後連喜歡的對象都沒有，就這樣毫無進展地過了好幾年……。總有一些人會對前任抱有留戀，總是糾結著過往的戀情。

無論是否發現徵兆，突然被宣告分手的一方必定會深受打擊；當他們發現無論如何再也無法挽回對方時，一定會產生莫大的失落感。雖然人總是在失去時才會意識到對方的重要性，但是當一段關係走到這個階段時，提分手的一方已經心意已決，即使另一方再怎麼希望能復合，也大多無法動搖對方的想法。

一段戀情已經結束，假如不願接受事實，人便會開始美化過去這段戀情的記憶。「好好保存有回憶的事物」、「反覆觀看快樂時光的相片」這些行為正是造成人無法忘記前任戀人的原因。**建議可以試著改變周遭生活環境，例如丟掉會回憶起前任的東西，培養新的興趣等，並減少想著前任的時間。**想要立刻轉換心情雖然很困難，但只要能抱有「我會遇到比前男友／女友更好的人」的想法，剩下的就交給時間解決吧！

POINT

**接受「戀情結束」的事實很痛苦，讓我們慢慢減少糾結於過往戀情的時間吧。**

# 同事親友開始結婚生子，感覺自己很失敗

根據日本厚生勞動省於二〇一六年所提出的「年度婚姻相關統計」，在夫婦雙方皆為首次結婚的統計結果中，男方的結婚年齡平均為三〇．七歲，女方則二九．〇歲。

根據這份資料，**可以說不分男女都是以三十歲作為人生的分水嶺**。不過結婚生子這件事畢竟是個人私事，不但每個人的工作環境、家庭狀況不同，終歸來說這也不是一件必須要跟周圍人搶快的事。我們應該重視的，還是自己的人生步調。

無論是「我現在想專心拚事業，晚一點結婚也無所謂」還是「婚後想要馬上就有孩子」，當你清楚知道想要怎麼過人生，也就有機會吸引到願意與你並肩邁向下一個人生階段的伴侶。

另一方面，我們之所以會感到「焦慮」，這種情緒其實是人類再自然不過的心理活動，而且從焦慮中也能獲得「付諸行動的動力」。如果只是在心裡不斷想著「自己總有一天能遇到最棒的伴侶」，現實生活中卻不採取任何行動，最終當然也就無法實現願望。可是若人處於火燒屁股的焦慮狀態，便能夠主動積極地「採取行動」去獲得幸福。

無論如何，**好好地分清他是他、我是我，絕對是獲得幸福的捷徑。**

POINT

**「焦慮」是人類自然的心理狀態，可是人生無須與周圍的人賽跑。**

# 將兩人的共同未來
# 寄託對方

隨著與戀人的關係漸深，你可能會產生「也許能夠與這個人一起生活」的想法，兩人的關係逐漸從戀愛期慢慢走向伴侶期。然而，對於絕大多數的情侶來說，這卻也是個令人煩惱的時期。「要是對方向我求婚，我就辭職」、「如果對方同意，我就轉職」等等，**人們很容易不自覺地把自己的未來寄託在戀人身上**。

也許你有「曖昧地」或「話中有話地」暗示對方，但這些暗示假若沒有確實地說出口，終究無法準確地傳達給對方。畢竟，即使彼此為伴侶關係，終究是不同於自己的另一個人。就算你耐心等待著另一半對你理想的未來做出決斷，也很難讓對方洞察你的心思。**雙方要是不好好把話說清楚，現實中可是一步都不會有進展**。如果你想要結婚，就不要被動地等待求婚，而是由自己主動詢問對方對結婚有什麼想法。關於未來的職業生涯也是，比如會變成遠距離關係，或者關係到兩人未來的轉職等，也都應儘早與戀人商量。

**為了讓關係有所進展，在決定兩個人的未來之前，自己必須先決定自己的未來**。與其心神不寧地等待對方採取行動，不如先邁出第一步，把自己的希望清楚地告訴伴侶吧。

POINT

**兩個人的未來不應該只交由一方來判斷。不要等對方說出口，而是要由自己下決定。**

# 希望戀人早點向父母公開關係

戀人們交往後，便會開始相互試探與對方的親密程度，或是對方對這段感情的認真程度，而「介紹給父母」就是試探的標準之一。因為一旦與戀人的親屬見過面後，通常會覺得自己與對方不再是不確定的關係；不僅如此，見父母這件事也意味著兩人從此確定將來步入婚姻並成為家人的可能性。

不過，如果戀人還沒有把自己介紹給父母，則有兩種可能。一是還沒認定對方是結婚對象。例如年紀尚輕的情侶，或雖然已經交往很久，但因為遠距離戀愛等緣故彼此還不夠親近等，這時對方可能就會覺得「還不是時候」。如果想知道對方真正的想法，直接坦率地詢問對方是最好的解決辦法。其二則是，雖然已認定對方是結婚對象，但考量到「自己的父母有一些問題而無法介紹給對方」。家庭情況畢竟是很敏感的問題，建議不要逼問對方為什麼遲遲不讓自己見父母，以免兩人的關係產生裂痕。**說到底，就算沒有正式介紹給父母，但雙方都已成年，只要當事人有意願就能結婚。**重要的並不是周圍的意見，而是兩人的意願。不要勉強對方說出家裡的事，而是多花時間與對方討論。

POINT

**家庭情況是敏感的話題之一。即使對方沒有把自己介紹給父母，也不要逼問，應體諒對方。**

# 曾經離婚，對下一段關係感到內疚

根據日本厚生勞動省公開的資料「二〇〇九年度離婚相關統計」，在日本的夫妻一年間離婚件數在一九九〇年是十五萬對，到了二〇〇二年則倍增到二十九萬對。此外，根據「二〇二〇年人口動態統計月報每年（概數）的概況」，二〇二〇年的日本離婚率為一・六九％，由此可算出一年間就有約二十萬八千五百對夫妻離婚。換句話說，如果你身邊「都沒有離過婚的人」，也只是碰巧沒有罷了。從統計數據能明顯看出，現在無論男女，離婚都不是什麼特別的事。

離過婚的人，代表你「有過結婚經驗」。也就是說你經歷過不結婚就不會知道的事，比如面對與談戀愛完全不同的「婚姻」關係上的困難、深深苦惱過家庭內部的溝通，或是煩惱與對方父母的關係等等，擁有這些經驗，反而會成為你將來的長處。

相對地，這個世界也有人會因為沒結婚而感到自卑。以銀行行員為例，有些職業甚至會把婚姻視為一種「社會信用」的提升。但說到底，結婚終究是靠緣分，無論曾離過婚，還是一直沒結婚都不成問題。奇怪的是將私人問題放大檢視的社會，所以沒有必要為此在意周圍的看法。

POINT

**離婚在現代生活中並不稀奇。有過婚姻的經驗，反而能成為你的優點！**

# 不敢向戀人展現
# 最真實的一面

無法向戀人展現自己認為不如他人的一面，或是自己感到很自卑的缺點……。

在交往期間尚短、還無法掌握對方心思的戀愛初期階段，每個人理所當然都會抱有這種想法。不僅如此，在相對重視個人的資訊保密與隱私權的現代社會，似乎也沒有必要得向算是「他人」的戀人毫不保留地展露自己。

然而，即使是面對交往進展順利，而且你也十分心儀的對象時，你仍然沒辦法坦誠地展現自己真實的一面，甚至深深為此感到煩惱時，那就是「自尊心的問題」了。你正為了自尊心而勉強扮**演另一個自己**。

就算你為了「不想被討厭」、「不想受到傷害」而刻意隱藏自我，也不會變得幸福。如果你希望與戀人的關係有所進展，就必須展露自己最真實的一面。**在暴露自己的真面目時，也能測試對方的接受度**。例如明明自己酒量很好，卻在戀人面前「假裝自己不會喝」，這樣繼續交往下去不但會累積壓力，也無法加深兩人的關係。這時如果你在某次約會嘗試向對方坦白，然後盡情地豪飲，對方當下的反應，其實才是最重要的「真實想法」呢。

POINT

**如果想讓關係更進一步，就必須展露自我。**
**請相信對方，並拋下你的自尊心。**

# 對戀人
# 情感勒索

你現在人在哪？不好好跟我報備不行吧……而且妳為什麼沒有馬上回我？我可是為了妳的安全著想才這麼說的喔……
吶吶
啊——快停止!!

談戀愛是一件很棒的事，可是我們卻很容易因為「太喜歡」對方，而讓這種情感變成一種「束縛」。例如經常疑神疑鬼地監視戀人的社群媒體動態、突然檢查對方的手機、刪除所有異性的聯絡方式等。雖然無論哪對情侶，多少會經歷這樣的事，但是過度的束縛，恐怕會成為「分手」的導火線，最終結果將事與願違。

束縛是愛情的一個面向，女性的束縛行為通常是來自想要獨占對方「獨占慾」，而男性則多是想要支配對方的「支配慾」，甚至認為女友不過是自己專屬物品的「擁有慾」。據說不分男性或女性，這樣的束縛行為都是自我評價低且缺乏安全感的人，較容易表現出這類傾向。但是其中最大的問題，還是在於這類人「不太能信任對方」。就算伴侶以愛相待，一旦這份感情無法獲得信任，兩人的關係恐怕將難以維繫。

束縛行為可說是「自己不安情緒的投射」。當自己的職場與日常生活充實，或是能全神專注於與趣培養或新事物的學習，人就不會產生想要束縛對方、掌控對方一切的心理。當發現自己有束縛傾向時，建議應重新審視自己的生活，才能解決戀情之外那真正的「不安根源」。

POINT

**缺乏安全感的人，會很容易想要「束縛」對方。找出源頭，消除自身的不安很重要。**

# 家中大小事都得
# 自己動手做

「明明都在同一個空間生活……」、「我工作也很忙的說」。現代社會是以雙薪伴侶占絕大多數，不僅婚後生活，在同居階段也難免面臨家事分擔的煩惱。

就算兩個人最初經過討論後一起定下規則，也常在不知不覺間變成只有一方在做。但這並不是另一方刻意偷懶，而是「家事」這件事其實受原生家庭很大的影響，並不是所有人都擅長。除此之外，「具體做法」與「忍受程度」也存在個體差異，而這也是伴侶一起生活會有壓力的原因。

如果想和伴侶和平地分攤家事，對於不擅長的一方，可以先讓對方只負責「一項」工作，例如丟垃圾等。決定家事的分攤事項能夠產生責任感，對方也能比較沒有壓力地完成。接下來可以再慢慢增加項目，比如拜託對方打掃浴室、洗碗這類。這時就算對對方有不滿意的地方，也要有耐心！重點是要看到對方的努力，並且確實地給予鼓勵和感謝。

此外，伴侶不做家事還有一個原因——他們看不見你為他們付出了多少。或許只要把對方沒有發現的「隱形家事」可視化並與對方分享，就能讓對方的意識有所改變。

POINT

**面對不擅家務的伴侶，可以讓對方從「丟垃圾」開始做起。也可以把家事內容可視化，與對方分享你負擔了多少事。**

# 勉強配合
# 婆家的生活習慣

就算是心愛伴侶的家人，對自己而言仍舊算是不相識的陌生人，因此婚後要與對方的家人打好關係實在不容易。有姑姑插嘴家事清潔與孩子教養的情形，也有妻子的父親根本不想敞開心扉與女婿對談的情況。即使對方的父母都親切和善，也難免會有兄弟姊妹對自己抱有莫名敵意的為難狀況。

然而，如果伴侶很重視自己的家人，自己自然也會抱著「想變得更親近」的心情與對方相處，這是基本的人際相處法則。不過若是努力無果，且親戚的干涉超越了正常能忍受的限度時，便應該拜託伴侶從中調解，**重點在於要適當地「劃清界線」**。但應該有不少人在「請伴侶調解」這關就吃了閉門羹。這是因為他／她是在那個家庭中長大，很多時候對於家人們的行為，是不會感覺有哪裡不對勁的。

這時，**建議可以具體地向伴侶表示想「劃清界線」。對於會讓你感到壓力的親戚，首先可以減少與他們見面的機會。**例如「過年可以回老家，但暑假就不回去」、「當親戚來訪時，安排他們住飯店」等等，夫妻可以透過這類討論，共同決定一些規則。

POINT

**當親戚過度干涉生活時，可以請伴侶協助調解，或是減少彼此見面的機會。**

# 來自毒親的血緣勒索

所謂的毒親，是指支配孩子的人生，並且對孩子造成身心傷害的父母。這個名詞最早是出現在蘇珊・佛沃（Susan Forward）於一九八九年出版的《父母會傷人》這本著作中。這裡所指的傷害並不僅限於身體上的虐待，由於父母單方面灌輸價值觀，造成孩子們的心靈迫害並不會隨著成長而逐漸癒合，那些孩提時代埋下的「情感種子」會成長為不安、憤怒、過分的義務感與罪惡感，這些情感直到孩子長大成人後，仍會持續給自己帶來傷害。

**假如你現在仍然無法逃脫小時候的痛苦，即使對方是父母，「斷絕關係」才是保護自己的明智之舉。**斷絕關係的方法有兩種。一是「保持距離」，漸漸減少與父母的聯繫次數，自然而然地斷絕往來；其二則是「明確傳達要斷絕關係的意思」，假若父母帶給你的痛苦現在依然持續，且未來也不見改善的可能性，比如父母欠下大量債務向你勒索要錢，或是沉迷於酒精或賭博時，建議你應該要採取這個方法，徹底斷絕關係。**接下來請做一場「心理上的告別式」**，好好地與小時候的痛苦回憶以及毒親做個了斷。你的人生應該是要讓你感到幸福才是。

POINT

**如果受到毒親傷害的心靈無法痊癒，選擇保持距離或斷絕關係，才是明智的決定。**

# 所有的人生決策，都得聽父母安排

雖然小時候沒有經歷過叛逆期，與父母的關係也一直都很融洽，但假若有一天你突然納悶起為什麼「我好像從小到大，都是聽從父母的指示在生活」這個問題時，這或許是個重新審視自我的好機會。

在父母親庇護下成長的未成年人當中，有一些人從未有過叛逆的經歷，而這些人會習慣無意識地遵循父母的想法與期待，變得無法自行做出判斷。當中也有不少人，是連自己想要做什麼都毫無頭緒。進入父母期望的職場工作，然後與看起來能讓父母安心的人結婚，如果你對於這樣的人生感到厭惡，那麼你就必須要採取行動，好從父母的束縛中逃脫出來，邁向自己人生。不要走在父母鋪好的既定道路上，而是要靠自己的腳走出自己的路。

首先，請先在心中好好思索「自己無論如何都想要傳達給父母的意見」，以及「自己想要做什麼」。之後，當你某一天忽然察覺「我再也無法對父母言聽計從」時，就這樣直白地告訴父母。人一旦擁有「不能讓步的事物」才能夠長大成人。就算遭父母反對，也應清楚地說出自我主張，以免讓自己的意志有所動搖。

POINT

**主張自己的「獨立意見」，並不是對父母不孝。試著練習直白地告訴父母自己的想法。**

# 總愛拿兄弟姊妹與自己比較

在傳統時代的日本社會，有著由長子繼承代代相傳的家業的習俗，因此有些地區仍留有這樣的觀念而特別偏愛家中長子。此外，小時候總會因為年齡造成各方面的差距，所以家中年紀小的孩子也較容易會有自卑感。

其他還有因為父母的比較與偏袒，導致兄弟姊妹間的關係惡化的例子。如果父母只關心、讚美其中一人，較不受疼愛的一方就會對手足產生怨恨或嫉妒心理。兄弟姊妹間的關係和諧與否，不只會影響童年，對一個人的未來也有著深遠的影響力。

然而，**世界上也有不少人能夠將這股影響力轉變成正能量**。比如下定決心「不要輸給哥哥／姊姊」而埋頭努力，結果變成手足之中事業最成功的例子。這種情結乍看之下，似乎是**當事人對兄弟姊妹抱持的敵意，但追根究柢，其實是出於小時候的上下關係造成的不對等感，等到長大成人後就會取得平衡**。

不過，假使你長大了還是會不時拿自己和兄弟姊妹比較的話，建議你此時應該回頭直視自己的內心，重新檢視一下自己與手足、與父母之間的關係才是。

POINT

**與兄弟姊妹間的關係，對未來也會有很大的影響。**
**練習把嫉妒的情感轉化為正能量吧！**

為努力的你

消除疲勞的小專欄

2

## 感到焦慮時，不妨嘗試芳香療法吧

如果你常常一直感到焦慮時，建議可以聞聞藥草的香氣。自古就作為藥材使用的藥草，據說具有緩解壓力與放鬆的效果。藥草具有的香氣（芳香成分）進入鼻子後會刺激嗅覺，能調整造成焦慮的自律神經失衡，並調節賀爾蒙的分泌。而品味香氣時，心情也會變得開朗，並沉靜下來。此外，透過呼吸讓肺部吸收芳香成分，能讓該成分順著肺部細胞輸送到微血管，然後由血液把藥草的藥效擴及全身。

不同藥草的成分與功效各有不同，其中能對付焦慮的藥草有「德國洋甘菊」、「香蜂草」、「蛇麻」、「聖約翰草」、「菩提花」等。將精油滴一兩滴在衛生紙或化妝棉上，只要聞個5分鐘便能緩和心情。此外，市面上還有許多藥草相關的商品，喝的香草茶、護理用的身體油、能隨身攜帶的護手霜等，建議可以把靈活地把藥草帶入每天的生活中。

不做也行
PART 3
金錢
呵呵呵…

# 對未來的錢
# 感到強烈不安

離開父母獨立之後，人便會開始為金錢感到不安。房租、生活費、結婚資金、生產醫療費、購屋費用、孩子的學費、退休金……，未來需要的錢愈想愈沒有盡頭，好像光擔心錢的事一輩子就這樣過完了。

可是，**不管是誰其實都會有對未來的金錢感到不安的時候。**無論是學生時代的朋友，還是公司同事，甚至與你擦肩而過不相識的路人，大家都會對未來的儲蓄與用錢感到不安。像是「存款不知道夠不夠」、「要是搞壞了身體不能工作該怎麼辦」這類念頭，只要無法確定未來的面貌，我們對於金錢莫名的不安感就不可能完全消失。

「錢」這種東西，無論有還是沒有，都會令人煩惱不已。如果想要減輕這種不安感，首先最重要的就是掌握自己的現況。知道自己未來退休至少需要多少錢、應該建立怎麼樣的存款目標，正是化解不安的第一步。接下來，就是要確實掌握賺錢的方法，例如節省開支、從事副業、獲取資格以求晉升等。

然後，最重要的就是健康。工作固然重要，但一切的基礎是健康。擁有一副能在關鍵時刻馬上採取行動的身體，才是最重要的事。

POINT

**如果一直煩惱接下來的金錢，那一輩子也煩惱不完。首先第一步應該要理清自己需要存多少錢。**

# 不斷砸錢
# 享受上流生活

住在無比講究的別墅，過著極其精緻的飲食生活。雖然你可能得要為此付出相應的代價，但如果這對你而言是豐富且充實的人生，那也沒什麼不妥。

不過，如果你執意認為想要過上身心靈富足的生活就必須砸大錢的話，那就變成問題了。就算身穿高級品牌服飾、出入駕駛外國名車、居住在租金特別高昂的港區摩天豪宅中，也不能保證一定能擁有豐富且幸福的人生。畢竟，物品的價值具有流動性，無論你為物質生活花了多少錢，也不會獲得心靈上的滿足。

更何況我們正遭逢新冠疫情大流行這樣前所未有的情勢，這場疫情導致許多職場被迫改成居家辦公，而這也使得原本具有「離公司近」、「離車站近」等高度便利性的住宅區正逐漸失去以往的價值。未來如果工作模式轉變成以遠距為主，「家」將成為人們工作的核心地點，比起全新又氣派的摩天豪宅，今後的人們或許會開始覺得「能集中精神工作的靜謐空間」或是「能兼顧家庭與工作的活化空間」更具有價值。建議各位不妨趁現在重新思考，想要過上充實富足的生活，今後可以在哪些地方投資金錢。

POINT

**即使不在生活上花大錢，也能過著豐富精緻的生活。對於想要怎麼樣的生活，我們應該要有自己的價值觀。**

# 像無頭蒼蠅一樣
# 胡亂投資

身處在時代的轉捩點上，往往會發生一波投資熱潮。在一九八〇年代後期，日本曾出現大規模的投資風潮，而這個時期正是日後稱為泡沫經濟的景氣繁榮期。當時股價與不動產價值不斷飛躍性地飆升，普羅大眾紛紛搭上這股熱潮，前仆後繼地加入了投資的行列之中。然而隨之而來的泡沫破滅，導致資產價值快速下跌，也使得日本陷入長年景氣蕭條的隧道之中。

即使時代迅速轉變，人們依然會想跟隨潮流、容易受周圍人煽動，但請不要忘記**就算是專家也會有投資失利的時候**。股票、投資信託基金、外匯、虛擬貨幣等，世界上有大量的投資產品，若在自己還不甚了解的情況下就貿然投資，很有可能「一回神口袋裡的錢已少了一大半……」。況且當人在焦急的狀態時，也很可能會因無法做出正確判斷而受騙上當。

人會感到焦慮多半是因為有壓力。**在做出不確定的投資之前，建議應該要先冷靜地反思自己的日常生活，想想自己現在正在為什麼事感到有壓力，然後找出其根本原因，並優先解決。**如果是「對茫然的未來感到不安」這類曖昧的理由，那還是不要出手為妙。

POINT

**只是跟隨熱潮，焦急地砸錢投資很危險。在做出不確定的投資前，應先正視自己的焦慮情緒。**

# 花錢提升
# 個人魅力，
# 不小心變成月光族

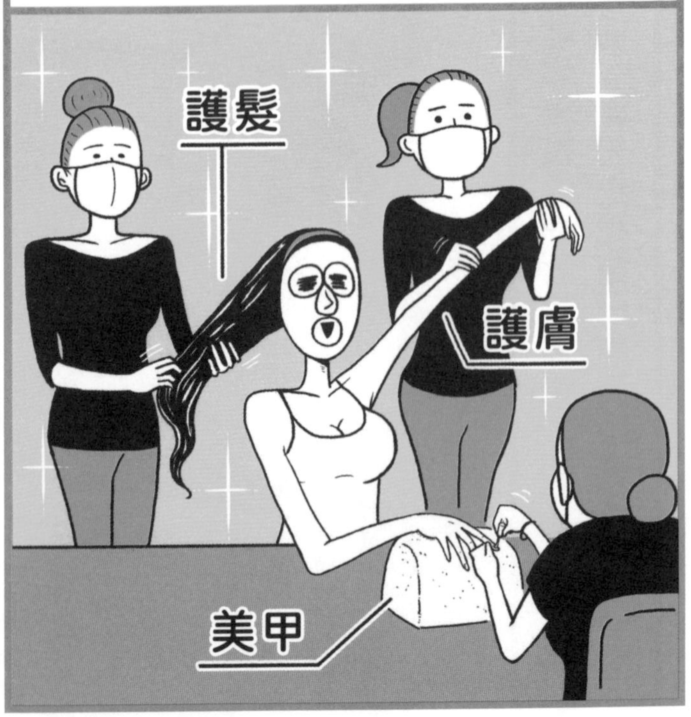

所謂的自我提升，是指透過一系列行為努力提升「自我魅力」，但具體要「怎麼做」，依然取決於個人的價值觀。

自我提升的方式除了有身體除毛、護膚沙龍、鑽研時尚與流行趨勢、減肥等外部要素的提升之外，也有參加財經講座、申請國外語言學校、大量閱讀、讀書考取證照等內在能力的提升，方法可說是五花八門。換句話說，只要你想花錢，要花多少都行。

然而，即使你投資不少金錢積極提升自我，也不能保證帶來「馬上交到男女朋友」、「跨入職涯新高度」等立即性的效果。如果你想要找對象，不僅要在美容或時尚鑽研上努力，也應該要在婚姻交友等管道花點錢；若你的目標是職涯發展，建議第一步是先參與轉職活動，如此或許才能馬上見效。

但是，為提升自我所付出的努力並非全都是徒勞。若花費金錢與時間能換得自信，或是增加自我肯定感，那就是對自己必要的投資。建議各位不妨重新檢視至今為止投入自我提升的花費是否有浪費、虎頭蛇尾的情形，擬定全新的規劃，把錢花在刀口上。

POINT

**醫美或整形如果能提升自我肯定感，就是一筆必要開銷。但還是建議檢視一下是否有「浪費」的情形！**

# 投入全部存款舉辦奢華婚禮

結婚可說是人生的頭等大事，而婚禮與宴客更是新人結婚的重頭戲，因此自然有不少情侶對這些「一生只有一次」的儀式抱有美好的夢想與堅定的執著。

根據婚訊雜誌《Zexy》（Recruit Marketing Partners，人力市場夥伴公司）進行的「二〇一九結婚趨勢調查」，日本全國婚禮、宴客、婚宴派對的總額平均為三百五十四萬九千日圓。據說其中三分之二的費用能由禮金等抵銷，但其他還有如蜜月旅行、婚房費用等各種開銷，準備結婚資金真的是件十分令人頭痛的事。

然而，**婚禮「要不要花錢」這件事，其實大多只是反映出女方新娘的意思，以及撇除當事人以外的「雙方家長」對於傳統風俗的堅持**，因此也有不少對新人會納悶舉辦婚禮的意義何在，甚或考慮取消婚禮。

除了社會風氣的轉變外，**新冠疫情也強制改變了婚禮的型態**。選擇「裸婚」（只登記結婚）的人增加，甚至還出現了線上轉播婚禮現場的線上結婚形式。現今遭逢的疫情後時期，也許正是讓人停下來思考豪華婚禮有無必要的好機會，兩人也可以趁機摸索新的結婚型態。

POINT

**砸存款辦婚禮的價值觀，可能在未來的某一天成為過去式。**

# 全身上下只穿戴
# 流行品與名牌

對流行趨勢敏感絕對不是一件壞事，這不但證明了你很關心這個社會，而且「想要」、「想買」的心情，就結果而言，實質上也能夠促進社會經濟的發展，因此沒有必要全盤否定我們對於物質的慾望。

不過，我認為人們應該要放下「只能」持有時尚潮流品或名牌的堅持心理。因為潮流品會隨著季節變換而漸漸失去價值；名牌也是，現在國外名牌店面展示窗陳列的幾乎都是季節性商品。即使是像鑽石這樣看似永恆不變的奢侈品，也會因為有人曾經購買過，而變成價值下滑的二手物。

在購買流行商品或名牌新款的瞬間，當下確實能夠滿足「自我虛榮心」，然而這也不過是一眨眼間的滿足罷了。

說到底，「不小心買了」、「當成給自己的獎勵」是很危險的關鍵詞。無論是在實體商店還是網路購物時，都不要忘記消耗品是會讓人不知不覺間「砸大錢」的非必要物。在此建議應該限縮購買奢侈品的數量，並且把錢有意義地花在能用上十年、二十年，可在「重要時刻」派上用場的那一樣東西上。

POINT

**自我虛榮心只能滿足一瞬間。「不小心買了」「當成給自己的獎勵」的想法很危險。**

# 只有住在蛋黃區才有光明的未來

想要在憧憬的都市住看看。如果是十幾、二十歲的年紀，不妨趁著就學或就業等機會實現一下這個夢想。

現代社會當中有許多不實際住在都市，就不會知道的事情與生活樣態，而且從都市獲得的體驗與人脈往後也能成為你人生的資產。不過，我們可能沒有必要把自己搞到「經濟拮据」就只為了躋身都市叢林裡。

在新冠疫情大流行之前，住在都市確實有它的優點；再加上都市處處充滿了刺激與趣味的人事物，還有許多能充分享受自由時光的公共場所。

此外，雖然必須繳納高昂的房租，可是住在距離公司較近的地點，也能避免從郊區通勤上班的日常壓力。

然而，如今工作場所本身正逐漸從公司轉移到自宅，未來若居家辦公的規模持續擴大，都市的人流也將產生變化。一旦人潮消失，物流經濟就無法活絡發展，城市的風貌也勢必將有所改變，都市最具魅力的繁華地帶可能會日漸縮小。建議各位應好好思考，對自己而言，都市是否還有那個價值讓你為錢所困，以及哪裡才是能讓自己舒適生活的地方。

POINT

**居家辦公的普及，會使人的流動產生變化。我們該重新思考住在生活開銷大的都市是否仍有其意義。**

# 很在意女友的收入比自己高

「男性在外工作、女性守護家庭」是日本過去傳統觀念下的性別角色分配，可是現今隨著雙薪家庭的數量漸增，與男性有著相同待遇甚至更高收入的職業婦女也慢慢增加了。在這個狀況下，情侶關係便逐漸成為人們的煩惱之一，尤其是當兩人即將邁入共同經營家庭的婚姻關係時，金錢與收入的存在感會變得更加凸顯。然而，男性往往卻缺乏勇氣，與賺得比自己多的女朋友正式談論收入的事。

會在意男女收入差異的人，首先應該要意識到自己是不是太受「男性必須要賺錢養家」這樣舊時代的刻板觀念所影響，並學著放下這樣的價值觀。畢竟，薪資並不是取決於性別，而是「工作的能力」；再者工作薪資也會受到公司的規模與從事的產業而異。各位在感嘆不是個人意志就能控制的收入差異之前，倒不如先為「我有一個職場表現受到大家肯定的優秀女友」這個事實由衷地感到驕傲吧。

想要在接下來的時代生存下來，需要的是兩個人在家庭生計、家事與養育孩子上的通力合作。請放下肩上的重擔，跟你的伴侶一起討論你夢想的未來藍圖吧！

POINT

**「男人必須要賺錢養家」已是舊時代的觀念。在接下來的時代，家庭與事業都需要兩人同心協力。**

# 總認為
# 人生就是要賺大錢！

現代人的婚姻形式與工作型態多種多樣，「獨身主義」也成為未來人生的選項之一。「得要賺錢才行！」這種強迫性的想法，其實是任何人對未來感到不安時都會浮現的共同表現。對於能夠全身心投入職場以期達成目標，或是從收入、頭銜的提升而感受到快感的人來說，「必須要賺錢」的想法大多能發揮出正面的效果，催生出源源不絕的工作動力。

然而，在達成目標的過程中，有些人會明顯感受到與周圍人產生齟齬摩擦。對於這些人而言，團隊的溝通協作比同儕競爭更為重要，這點也導致這類人無法完全集中心力在「達成目標」這件事上。不僅如此，當遇到收入的成長幅度不如預期時，「非賺錢不可」這個想法終究只會帶來負面的影響。

假若此時此刻你正陷入這樣強烈且莫名的不安感當中，**建議你不妨在內心建立具體的規劃**，比如「**你想賺多少錢（金額）**」、「**你想賺到什麼時候（極限）**」、「**可以做什麼來賺錢（方法）**」等。將這些問題與目標具體地寫在紙上，透過書寫整頓好焦慮與迷茫的心情後，應該就能冷靜地面對金錢的事了。

POINT

**對自己想「賺大錢」的念頭感到焦慮不安時，可以具體地寫下「目標金額、極限、方法」，整頓心情。**

為努力的你

消除疲勞的小專欄

3

# 焦躁與不安湧現時，冥想5分鐘

總覺得無心情焦躁無法沉靜下來時，建議可以透過「冥想」來重整心情。冥想據說有「紓解不安」、「恢復注意力」、「緩解疼痛」等各種精神上的作用。不用想得太難，只要有「稍微喘息一下」的感覺就可以了。

冥想的地點沒有限制，但建議盡可能地關掉電視等雜音，並在沒有人的安靜地點進行。時間也沒有規定，不過對於忙碌的社會人士而言，「5分鐘」左右應該是最沒有壓力的時長。在冥想的過程中最重要的是留意「自己的呼吸」。首先閉上眼睛，然後腹部向內用力，對內臟施加適度的壓力。接著一邊數秒一邊用鼻子深呼吸，而後用比吸氣多一倍的時間慢慢地吐氣。請反覆這個動作5分鐘，透過確實的腹式呼吸能刺激副交感神經積極地運作，進而獲得放鬆大腦的效果。

以集中在吐氣上的呼吸法為主的5分鐘冥想，能在零碎時間輕鬆完成，並且有喚醒身心的力量。在這之後小睡一下還能獲得更大的休息效果，維持這個習慣能有助於保持大腦的活躍性。

不做也行
PART 4
習慣
爽啦～…
Maker's Park.

習慣 01

# 假日行程表通通 排好排滿

日本人普遍被評價為「不擅長休息」的民族。既不像法國人會放好幾週的長假旅行或到避暑勝地逗留，也不會像西班牙人一樣每天保有午休的習慣。儘管日本人認真的特質是導致「不擅長休息」的原因之一，但這並不是一朝一夕就能改變的習慣。

即使好不容易請到休假，這一天卻塞滿了預定行程的話，如此一來也無法達成休假是「為了休息」的這個目的。無法好好休息的人，可能是基於「如果沒有行程就覺得自己不被需要」、「覺得休假不做一些有意義的活動就是浪費人生」等莫名的焦躁感，而習慣把假日的行程排滿。可是，如果不消除「不做點什麼就感到不安」的心情，就永遠無法獲得好好的休息。

要解決這個問題，其中一個有效的方法是事先排定「什麼都不做的日子」，可以在行程手帳或手機日曆上安排休假，並確保不要在那天排入其他事。運用視覺刺激給自己「這天休息也沒關係」的安心感，養成每當看到休假預定時就能切換成「休假模式」的習慣。現在正是個能重新思考至今為止休息方式的好時機，不妨趁機會變成一個擅長休息的人吧！

POINT

**不擅長休息的人，可以預先決定「什麼都不做的日子」，並寫在行程表裡預留休息的時間。**

# 想回避所有的見面邀約

明天有空嗎？
我有話想說

不能用電話講嗎？

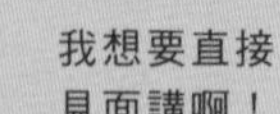
我想要直接
見面講啊！

但我們上週
已經見過了不是

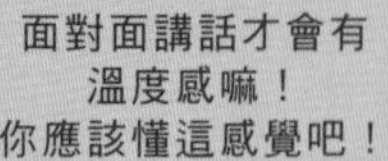
面對面講話才會有
溫度感嘛！
你應該懂這感覺吧！

用Zoom呢？

那麼明天老地方
熱海居酒屋見？

欸你

想要和人直接面對面地談話——在人類的溝通與交流過程中，「見面」可是一項重要且影響深刻的條件。

二〇一一年，美國哈佛大學醫學院的研究學者柯漢（Isaac Kohane），針對「研究夥伴的物理距離對科學研究品質的影響」這道命題展開研究，根據他的調查結果，在品質評價等級最高的樣本中，研究員彼此間的距離都維持在十公尺以內；至於評價等級最低的樣本裡，研究員之間的距離則相隔了一公里，甚至更遠的距離。而當研究團隊發想出新點子時，通常是在成員實際共處於一個空間時誕生。

然而，由於遭逢新冠疫情，人與人的會面變得比以往困難許多，逐漸轉變成以線上交流為主。線上聚會雖然無法完全取代現實世界實際的會面聊天，卻能夠讓使用者**不用花費太多的時間與金錢，就能輕鬆與相距甚遠的交易對象或朋友展開談話**。

不過，像是初次見面或是工作場合的重要談話時，實際面對面對談還是比較好，應該適時地交互運用。讓我們一起漸漸接受靈活運用線上聊天的新型對話方式。

POINT

**掌握實際見面與線上交流的時機，慢慢接受新的對話型態。**

# 一直關在家裡

因遠距辦公而逐漸習慣長時間待在家中的生活模式，或為了躲避擁擠人潮而寧願窩居在家中。與過去的生活型態相比，應該有不少人已經習慣疫情期間大半天都在家中度過的日子。然而，就算沒什麼特別需要外出處理的事，一天當中至少也要撥點時間，出門一趟去曬曬太陽、吹吹自然風。否則長期待在家中，可能會對人體產生健康上的危害。

在都市型公寓的生活模式裡，家裡走路也不過就數十步的距離，這樣的運動量肯定遠遠不夠。況且長時間坐在椅子上工作或觀看影片，不但會造成腰痛或足部痠痛，也可能提高死亡的風險。

此外，長期待在家裡也會對心靈造成不良影響，特別是獨自生活的人，由於與人對話的機會變得較少，很容易陷入孤立或孤獨感當中，導致「憂鬱」與「不安」等負面情緒湧現。與他人對話，不僅能夠梳理自己內心糾結的煩惱與想法，還能獲得他人的反應，由此可知「對話」對於人的心理健康十分重要。

建議各位應該要規劃散步時間，去曬曬太陽或與家人朋友用電話閒聊等，為身心靈的健康積極地採取行動。

POINT

**一天一次，走出家門曬曬太陽、感受自然風，放鬆緊繃僵硬的身心靈。**

# 每天重複
# 一成不變的行程

平日早上起床梳洗準備完畢後，搭上同一時間的電車前往公司，工作結束後就直接回家，然後吃個晚餐、看個電視、滑個手機，最後洗個澡便上床就寢。像這樣每天過著日復一日的規律生活絕對不是件壞事。可是假若你對每天重複的生活感到壓力與疲勞時，**建議你可以在「休息日」安排從事和體驗一些新鮮的事物**。度過與平日完全不同的休假能為生活增添節奏感，讓工作與個人生活都變得精彩又充實。

當我們規劃假日行程時，「非日常」就是很重要的關鍵字。例如享受一日遊就會是很棒的提神活動，例如到家附近從來沒有走過的小巷弄持續散步一兩個小時，或是在從來沒有下過的車站下車隨意走走，相信一定能遇見「與平常不一樣」的風景。另外，平常無法好好享受的閱讀與電影也是不錯的選擇。把平常無法體驗的事物帶入休假當中，便能大幅提升充實感。

至於平時沒有餘裕慢慢享受運動的人，也可以選擇在假日盡情地動動身體、揮灑汗水，度過一段健康的「非日常」時光。不如就趁現在這個大好時機，穿上你最棒的運動服與運動鞋，認真地嘗試運動吧！

POINT

**安排一個與平時截然不同的休假日，便能夠有效緩解日常積累的疲勞。**

# 無法消除體內根深蒂固的疲勞

「疲憊」、「疼痛」與「發熱」據說是代表身體出現異常的三大生理警訊。如果你已經充分休息卻依然時不時感到疲勞，且發現自己經常不自覺地把「好累」、「好倦怠」這些口頭禪掛在嘴邊，那麼比起休息，此時此刻的你或許做一些輕鬆的運動反而會更有效。

醫學上推薦的消除疲勞的方法有「休養」、「飲食」以及「運動」。也許各位會懷疑：「我都已經這麼累了，為什麼還要花力氣運動？」然而，當造成疲勞的活性氧在攻擊人體細胞時，會產生一種疲勞因子，也就是名為「ＦＦ」的蛋白質。可是在這個疲勞因子ＦＦ出現的同時，身體也會產生緩解疲勞的好物質「ＦＲ」。運動當然會讓人感到疲累，但透過輕度的運動，卻能增強體內好因子的作用，這也就是為什麼適度的運動能有效對付慢性疲勞。

建議各位疲勞時，不妨選擇走路或伸展等不會讓自己喘不過氣的運動。在日常生活中，可以試著提前一站下車多走一段路，或者在需要移動約三個樓層的距離時選擇走樓梯等。居家期間長時間在桌前工作時，可以伸個懶腰、做做伸展或是在房間裡小走一下，這些都很有效。

POINT

**發現自己總把「好累」、「好倦怠」掛在嘴邊時，就是身體發出警訊的徵兆，採取適度的運動能有效緩解疲勞。**

# 每個月都需要的
# 按摩獎勵

藉由按摩，放鬆因繁重工作或家事而僵硬的身體，確實是十分幸福的時光。沒有什麼能像按摩一樣這麼速效又具有精神放鬆的效果，還能為我們帶來顯著的療癒感。相信有不少人有「每月按摩一次」的習慣，並把按摩享受當作是發薪日給自己的獎勵。

然而，從運動科學的角度來看按摩效果時，其實我們應該在運動結束後就馬上進行按摩才是，趁著疲勞物質還在體內時，重整身體的狀態。大家應該經常看到運動選手在比賽後馬上按摩的畫面吧？這麼做其實不是要緩解運動造成的肌肉痠痛，而是為了「預防肌肉痠痛」。結束後馬上按摩能加速分解、代謝掉累積在肌肉中的乳酸等疲勞物質。也就是說，我們接受按摩的時機，其實不應該間隔「每月一次」或「每週一次」這麼長的時間，而是要在一感到疲勞就馬上去做，才能有效地分解疲勞物質。

因此，在此要建議各位把每月一次的長時間按摩享受，改成「只要感到疲憊，就馬上去做的短時間按摩」。再者從花費來看，短時間方案的價格通常也比較便宜，足夠我們在奢侈的按摩預算內多去好幾趟。

POINT

**建議在感到疲累時，就「馬上」享受短時間的方案，不要忍耐想按摩、想舒緩不適的心情。**

# 每天都要花時間
# 化妝

隨著新冠疫情的流行，許多企業開始實施線上會議，不得不在線上拋頭露面的機會也隨之增加不少。我想應該有不少人會因為一直盯著螢幕上自己的臉，反而變得比平時更在意「我的臉好像跟想像的不太一樣……」，結果即使在家辦公也依然畫上全妝，甚至在不斷嘗試錯誤下把妝愈畫愈濃。如果妳屬於「不化妝就感到渾身不自在」的類型，居家期間繼續維持這個習慣，對妳而言確實會比較自在。

可是，如果妳覺得早晨非常忙碌，連個早餐都還沒好好吃，就得為了工作或見人而花時間畫妝這件事「真的很心累」時，也許不妨就趁這段期間鼓起勇氣，省掉這個步驟。

化妝並不會影響我們身體健康與否，單純是一種「你想要如何向他人展現自我」的社交行為。

除了與客戶商談生意等需要特別注意儀容的日子，其他時候就沒有必要太過在意他人眼裡的自己看起來究竟如何。

生活中難免會有需要畫全妝的重要日子，但同時也有不需要太努力的時候。建議各位可以先問問自己內心的心聲，採取讓自己舒服的方式來面對化妝這個習慣。

POINT

**不用每天都努力畫全妝也沒關係，可以問問自己「全妝」是否有其必要。**

# 一上網就不小心
# 愈買愈多

在店內購物時，可能會有東西多到抽不出手提拿，或擔心錢包裡錢夠不夠等實際問題，反而形成購物的停損點。但如果是上網購物，可就衍伸出新的問題了。現在這個科技時代，無論何時何地都能用手機購物，也因此人們很容易一個不小心就出手買了多餘的東西，例如在逛網拍時逛著逛著就不小心買了原本沒有預計要買的東西，或是衝著折扣而下單不需要的東西。雖然在購買的瞬間會產生滿足感，但之後收到帳單時心頭一驚也是常有的事。

特別是當你發現「最近信用卡的帳單金額明顯**增加」或「房間裡的東西好像變多了」的時候，就需要多加留意**。這種購物行為並不是基於「實用」目的，很可能是「壓力」促使下的結果。如果是為了轉換心情而開始購物，隨著心情變好，人將會無法克制慾望。

這時**建議你一定要確認每個月收到的「帳單」，檢查每一筆款項與金額**，讓自己意識到「我買了什麼東西？」「這個商品花了多少錢？」掌握自己的購物傾向，如此便能自然而然地抑制想買東西的衝動。讓我們一起成為善於運用網購折扣又擅長管理購物慾的人吧！

POINT

**如果買東西是為了轉換心情，會愈來愈沒有節制。定時檢查帳單，抑制自己的購物慾。**

# 家裡無時無刻都要保持整潔

進入二〇〇〇年之際，《丟棄的藝術——東西太多怎麼辦？》（辰巳渚，中文版由時報出版）成為當年度的最佳暢銷書。到了二〇一五年，以最低限度的物品生活的「極簡主義」一詞蔚為風潮。這類「斷捨離」以及房間「整理術」的潮流未曾停歇，透過將房間整理得一塵不染的儀式，在過程中好好整頓思緒、去除雜念的生活模式至今仍然備受注目。

然而反觀這股風潮下的現實生活，其實大多數人的生活空間還是充滿許多物品。在這樣的情況下，「想讓家裡總是保持整潔」的心態固然令人欽佩，但如果太過注重斷捨離而一口氣把房間收拾得太乾淨，不但會發生需要時「東西找不到！」的突發狀況，與同居人或家人發生衝突，還可能為了重新購買必需品而徒增一筆開銷。

此外，由於社群媒體發達，看到其他人漂亮的房間布置影像時，也容易讓人提高標準來檢視自己房間與他人之間的落差。然而會上傳到社群媒體上的資訊，大部分多少都含有發布者刻意想展示的心理，不一定就等於實際的日常生活面貌。所以任何事都適度就好，你居住的家是不是能讓你放鬆的空間才是重點。

POINT

**不要和社群媒體上他人分享的漂亮房間比較。比起「漂亮」，能讓自己「放鬆」更加重要。**

# 折扣不買不行，結果囤到沒地方放

人容易受到超市或藥妝店特賣宣傳的吸引，抱著「有這個會很方便」、「總有一天會用到」的想法而大肆採購。尤其每當遭逢地震或颱風等突如其來的天災時，會造成無法順利外出或購物的不便，因此完全可以理解為什麼會有這種以備不時之需的心情。但如此放任自己囤貨的結果，可能會發生家裡到處堆滿衛生紙，或是囤放的飲料、即食品不知道什麼時候已經過期的狀況……。明明是為了「儲備」而提前，卻徒增了許多不必要的東西，一回神才發現家裡各個空間角落都堆滿東西，生活起居空間反而變得十分狹小。為了避免自己落入這樣的生活，建議各位應從掌握儲備品的庫存開始。

人是因為不安才會有過度購買的行為，所以只要明確知道缺多少，就不會發生買太多的窘境。此外，這裡也推薦各位來試試實踐「循環儲糧」（Rolling Stock）的方法，平時先多買一點食材，之後只要補充用掉的分量即可。這個方法能夠在日常生活中消耗的同時也進行儲備，所以能確保食材不僅定量，也都是在新鮮的狀態下保

POINT

**如果你會因為不安而過度購買，建議先檢視家中的庫存，從平時開始把「循環儲糧」的概念融入日常生活當中。**

# 在意他人的眼光

你會因「如果我做了這件事，別人會怎麼想？」「我不想要讓別人看到我很遜的樣子」這類想法，而讓自己總是緊張兮兮，沒有一時半刻能好好放鬆嗎？這類「在意他人眼光」的人，據說是自我肯定感較低，會根據他人的評價來決定自我的價值。這類人很需要他人給予肯定，也較容易沉迷於社群媒體。

然而，日常生活中若老是在意他人眼光，無論做什麼都會感到很不安，也會漸漸鬱悶起來。在社群媒體等平台上持續發文，只向他人展現自己「好的一面」，這種行為也會在不知不覺間累積疲勞，結果導致心理不適。

其實，別人並不像你所想的那樣在意你的一言一行。如果各位希望能夠活出自我，就不應該藉由他人的目光來評斷自己。如果你屬於很在意別人看法的類型，建議從平時就要練習把在意的焦點聚焦在自己身上，試著把「別人是別人，我是我」變成口頭禪。此外，暫時遠離社群媒體也是一個不錯的方法，不與他人比較、降低盤踞心頭的自卑感後，壓力也就能跟著減輕。順帶一提，「改變形象」也能有效增加自信，不妨考慮換個髮型或穿搭吧。

POINT

**別人並不會像你以為的那麼在意你。請試著把「別人是別人，我是我」成為你的口頭禪。**

# 人生大小決策都仰賴占卜

據說社會愈不安定，「占卜」就愈盛行。日本從彌生時代以來就有各式各樣的占卜，由於能彌補社會的不確定性，所以占卜已成了與人類社會密不可分的存在。現在網路上也有數不清的占卜網站，能在安心又安全的條件下接受占卜，讓人不知不覺就想要向其尋求幫助。

然而，**我們真的能把「最後的決定」交給占卜**嗎？如果事情成功就說是「多虧占卜」，如果事情失敗則說「都怪占卜」的話，那自己的人生就會變成以「占卜」為主體的人生了。通常會沉迷於占卜的人有兩種，一種是「希望獲得與自己內心決定一致的答案」，這類型的人會不停地尋找不同的占卜師，直到得到自己滿意的答案為止。另一種則是「只篤信一名占卜師」，這類人很容易把自己的人生全部都聽任他人安排，是十分危險的行為。說到底，**占卜頂多就只是個參考，自己的煩惱最後還是要自己解決**，如果沒有這個自覺，很可能會發展成沒有占卜就什麼都下不了決定的依賴型心理。在前途渺茫的時代，一個人背負煩惱踽踽而行真的很辛苦。雖然占卜能有效給予精神上的支持，但別忘了你也得付出一筆金額不小的「占卜費」。

POINT

**請將占卜、星座運勢當作參考就好，自己的人生，最後還是要由自己來決定。**

# 每日三餐都堅持
# 自己在家煮

開始一個人生活時，會發現要維持「營養均衡的飲食習慣」有其難度。雖然為了節省飲食費用與維持健康習慣而下定決心要「自己煮」，但想要同時兼顧工作與三餐也並不容易。**當你發覺自己好像努力過頭時，就沒有必要繼續堅持每天都自己煮**。如果勉強自己開伙，導致晚餐時間延遲，甚至還剝奪了睡眠時間，這樣的結果可就是本末倒置了。

建議各位不妨多利用**超市的熟食或外送服務**。這樣不但能減少在超市購物的時間，還能節省多餘的食材支出、消除自己烹調的壓力，精神上也能變得游刃有餘。

另外，想要自己煮的時候，也要盡可能地降低料理的難度。有時候連續好幾天都吃咖哩也行，假若太在意「都吃同樣的食物，營養是不是會不均衡……」，自己煮就會變成一件麻煩的事。「就算連續幾天吃同樣的菜色也沒關係！」各位應該抱持輕鬆的態度面對。吃飯是每天都得做的事，不用太過認真，能輕鬆且長久地維持習慣才是最重要的事。

平均分配「自己煮」、「超市熟食或外送」的頻率，一起建立不會過分努力的飲食習慣吧！

POINT

**超市販售的小菜便當或是叫外送，都沒有什麼不好。任何人都會有「今天不想做飯」的時候。**

習慣 14

# 肚子明明不餓，卻一直想吃東西

據說「想要緩解壓力」的心理，會導致人明明肚子並不餓，卻總覺得嘴巴很寂寞，很想吃點什麼彌補這種空虛感。當我們攝取甜食與糖分時，會促進大腦分泌一種能夠使人感到「幸福」的物質——腦內啡（β-Endorphin）。如果沉溺於這個快樂的感覺，只要稍微有一點腦部刺激或情感變化，都會影響我們的食慾。

當大腦特別想要「酥脆」的咀嚼感時，就是身體想要放鬆的訊號，這時人們常會把手伸向洋芋片，但洋芋片或點心零食不僅卡路里相當高，還會讓腸胃進入要飽不飽的狀態。當你突然很想吃東西時，只要給予大腦「咀嚼的快感」即可，比如嚼一下可預防蛀牙的「木醣醇口香糖」，或者吃富含食物纖維與礦物質的堅果等。

除此之外，當你覺得嘴巴寂寞時，也要小心不要養成一直進食的習慣。這不是指必須忍耐不吃零食，而是應該定時定量。建議各位可以訂好一天一次的零食時間，並養成在那個時間點以外就不吃的習慣。這麼一來，在規定的時間內吃點心或蛋糕都行，當大腦被滿足後，就不需要一直吃東西了。各位可以嘗試這個方法，讓點心時間變得有儀式感！

POINT

**壓力會讓人覺得嘴巴寂寞，不妨改嚼口香糖或堅果，以「咀嚼快感」放鬆心情。**

# 今天又不小心

# 喝太多

啤酒、紅酒、日本酒、威士忌、白蘭地……，世界上有許許多多的名酒，與美食並駕齊驅，美酒也是大人的一種享受。

適當飲酒能發揮抒發壓力與放鬆的效果，但是習慣性飲酒所導致身心高度依賴的「過量飲酒」時，卻會衍生更多的問題。然而，隨著新冠疫情下每個人待在家裡的時間變多，「在家喝酒」的時間也就隨之變長；而且不用像在外喝酒，得趕在末班電車之前離開，有不少人在這樣鬆懈的心態下不自覺地增加了飲酒量。不僅如此，多虧了網購，人們不用長途搬運移動就能購買大量的酒，因此也有過大量採買導致飲酒量增加的案例。

要防止過量飲酒，最重要的是規定一天當中的「飲用時間」與「飲酒量」，比如晚上七～八點只喝一瓶啤酒的量，其中最該避免的時段就是「日間飲酒」這個行為。遠距辦公雖然是待在家裡，但平日白天依然是工作業務等公司活動的時間，如果養成了在這個時段喝酒的習慣，日後可是會造成身心遲鈍。

雖然酒量因人而異，但如果你自覺「最近好像喝太多了」的話，建議應努力回到新冠疫情前的飲酒量。

POINT

**在家喝酒，容易在不知不覺間愈喝愈多。應該嚴謹規範一天的飲用時間與飲酒量。**

# 居家工作，養成熬夜的習慣

日本從很早以前就有「熬夜傷身」的說法，但在疫情威脅下與政府呼籲減少外出的影響，以及遠距辦公的模式下不再需要通勤上班，人們待在家中的時間變得比以往更長，結果導致有不少人不知不覺間養成熬夜的習慣，比如看電視、打遊戲到三更半夜等。

然而，曬不到早晨陽光的「晚睡晚起」或「日夜顛倒」的生活習慣，會讓調節人體各種生理節奏的「生理時鐘」（參考15頁）大亂，而這也是造成人在大白天卻精神不濟、容易疲勞、睡眠品質不佳等身心失調的原因。

話雖如此，一旦養成了「熬夜」習慣，想要馬上改正終歸是十分困難的事。建議不要忽然調整已經變成夜間型模式的身體，而是要循序漸進地慢慢提早就寢的時間，把生理節奏逐漸調回晨間型的型態。

而調整的訣竅正是「增加日間的活動量」。就算不特別運動，也可以在白天多安排工作、家事、散步等活動或事項，適度地讓身體感到疲憊，這麼一來到了晚上自然就會想睡了。讓我們一起好好把握睡眠時間，讓起床時間保持在新冠疫情之前的水準。

POINT

**想要停止熬夜，應重視日間的活動量。在白天適度活動，讓身體疲憊以便調整作息。**

# 半夜翻來翻去就是睡不著

據說「日出而作、日入而息」是保持良好睡眠品質的基本條件。但是即便已經整頓好環境，新信無論是誰，應該都有過因生活模式改變或是煩惱等而無法順利入睡的時候。時間毫不留情地分秒流逝，可是一想到隔天的工作就滿心焦慮，這時嘴裡就會不由自主冒出「非睡不可」這種自我催眠般的話語。

然而「非睡不可」這句話，在失眠治療的療程中其實是「禁忌」。當人的大腦中愈是想著我要睡覺，思緒就會愈清晰，並持續保持清醒。換句話說，在想到非睡不可的瞬間，你其實就註定睡不著了。此外，有人會在有失眠傾向時，選擇「提早上床」這個方法，但這其實也是不推薦的行為。**既然都已經睡不著了，若還是勉強自己進入被窩的話，無形當中只會讓身體記住床是「不舒適」的地方，之後的每一天你就很難在同一張床上睡得安穩了。**

我建議各位應該抱持輕鬆的態度面對睡不著的夜晚，比如在房間裡聽音樂、點個蠟燭、飲用可帶來放鬆效果的花草茶等。等待身心放鬆且睡意湧現的那一刻到來，就可以上床就寢了。請重視自己想睡的感覺，不要被時鐘綁架。

POINT

**在睡不著的夜晚，腦中想著「不快點睡不行！」是禁忌。建議放鬆心情，在感覺到睡意的時候上床就寢。**

# 覺得泡澡很麻煩，乾脆只淋浴

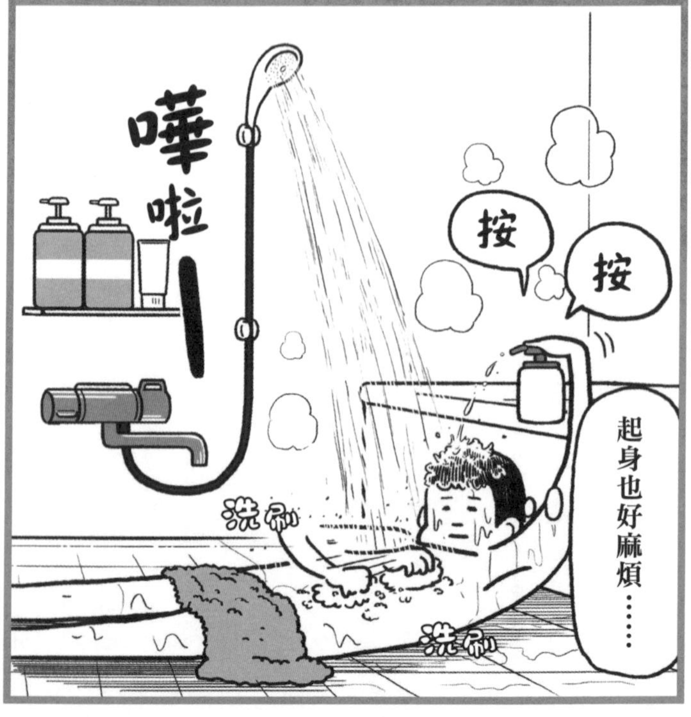

似乎有不少人，雖然家裡設有浴缸卻只用「淋浴」的方式洗澡。其中一個理由是「想節省水費與瓦斯費」，但其實一般浴缸裝滿的水量（大約兩百公升），相當於淋浴十五～二十分鐘的量。也就是說，根據淋浴時間長短，有時使用浴缸反而還比較省。

話雖如此，淋浴與泡澡實際上都各有優點。當我們在淋浴時，尤其是沖熱水澡的時候，能夠讓交感神經處在優位，因此洗完澡後會感到神清氣爽。男性在容易流汗的夏季選擇淋浴可能會更為方便。相對地，泡澡的優點則是能讓身體暖和起來，改善全身的血液循環，還能排出老廢物質與疲勞物質，因此有助於緩解肌肉緊繃與僵硬。尤其是女性，如果身體太寒冷會容易引起疲勞與水腫，因此建議不只在冬天泡澡，夏天長時間待在冷氣房裡身體同樣容易變冷，此時也適合泡澡暖和一下。

推薦各位不妨在入睡前泡個熱水澡，溫度介於「三十八～四十度」會最理想。據說泡澡時體溫上升、洗完澡後體溫下降，伴隨這樣的體溫變化會讓人更好入睡。早上時間趕不及可能得選擇沖澡，但晚上不妨慢慢享受泡澡吧。

POINT

**想要消除「疲勞」與「手腳冰冷」，泡澡絕對是最佳選擇。建議在睡前泡個比體溫稍微高一點的熱水澡。**

# 每次嘗試減肥，卻也每次無法堅持

「減肥」（diet）是指透過飲食療法與運動等方法，減輕體重並使體態瘦下來的行為。據說減肥的英文是源自古希臘語，在十四世紀後期，這個字的意思是「為了健康而控制自身飲食」。也就是說自古以來就有許多人一直為了維持健康與身形而煩惱。

隨著時代轉變，減肥方法也是來來去去，這個現象的背後其實也就意味著「世上沒有一個萬人通用的減肥法」。如果有的話，想必人們只會專注那一個方法才是，這點其實也反向證明了減肥失敗的可能性相當高。原因之一在於想要找出適合自己身體的減肥法相當困難。人在減肥的過程中若沒有實際感受到一點效果，就很難堅持下去，而沒有辦法持之以恆自然就不會出現成果，所以在選擇減肥方法時，各位應該留意減肥的成果是否能親眼見證。

舉例來說，推薦各位記錄每天的飲食並定時測量體重的「記錄減肥法」。確認記錄時還能適情況微調，比如減少食量或增加運動量等。既不用在減肥上逞強，還能養成「留意身體狀況」的良好健康習慣。

POINT

**想要找出適合自己身體的減肥法，其實相當困難。為了堅持減肥，建議把成果可視化。**

# 零碎時間
# 都花在不自覺
# 滑手機

二〇〇七年全球首支iPhone登場後，智慧型手機瞬間席捲全球。與主要用來講電話與發送簡訊的傳統手機不同，智慧型手機擁有優異的相機功能，還能取代電腦，總讓人一拿到手就不自覺地滑個不停，據說手機成癮症也成為一種當今的文明病。

智慧型手機充其量只是個聯絡工具，但不只工作時間，我們往往連假日也難以離手。如果把手機放在枕頭旁不僅影響睡眠品質，手機螢幕的藍光也會傷害視力。此外，假若二十四小時都花在滑手機上，還會進一步造成身心失調。

為了重新調整與手機的相處模式，建議不妨從假日開始做起，減少滑手機的時間。首先巡視家中的充電座，以便固定家中的「充電地點」。這時應該選擇一處「自己不會長時間待著」的地方。例如一個人生活時租屋格局若有廚房和臥室，就建議選擇廚房作為充電地點。總結來說，只要保持物理距離，能讓自己有效遠離手機。

順帶一提，外出時把手機放進包包是最簡單的方法，例如收進「有拉鍊的口袋」就是一個不錯的方法。特別對於一般習慣把手機放進夾克或褲子口袋的男性來說，效果想必尤為明顯。

POINT

**從假日開始減少滑手機的時間。在家中固定一個充電位置，外出時把手機收進有拉鍊的口袋。**

# 看到按讚數少，就覺得自己毫無價值

在網路上發布分享的照片或文章贏得好評，固然是件令人滿足的事，然而隨著社群平台發展出「按讚」的功能後，這些好評變成能以「數字」的形式呈現，使得不少使用者開始無法克制自己的認可需求。

認可需求是指「希望獲得他人認可」的欲求，據說平時積累的壓力或不滿會逐漸增強這種需求慾望。假若你發現新貼文的「讚數」沒有比上次更多，而且這件事會讓你感到心有不甘或無法滿足的話，那麼你可能就得留意一下自己是不是有成癮的傾向了。

在社群媒體上本來就能說謊或編造故事，人們都可以輕易假裝成不是真實自己的虛構形象，所以社群媒體上的評價並非就是當事人內心中最真實的評論。

亦有相關意見指出社群媒體上的回應尤其對年輕族群造成壓力，對其身心產生不良的影響，所以最近也出現嘗試把推特或IG的「讚數」改成不公開的實驗。**比起社群媒體，若能讓現實中「真實」的自己過得充實**，我們便能漸漸不那麼在意社群媒體上的評價。讓我們趁這段時間一起重新檢視，自己與社群媒體的距離是否太過緊密。

POINT

**日常壓力的累積，容易加劇自我的認可需求。建議應該盡可能地與社群媒體保持距離。**

為努力的你

消除疲勞的小專欄

4

# 什麼都不想思考時，做一下眼部按摩

當你覺得「今天好像不太能集中精神」時，比起心理層面，建議先懷疑是不是「眼睛疲勞」。由於過著離不開電腦、手機的生活，我們使用眼睛的頻率比我們所想的要多更多。若長時間近距離地觀看電腦或手機螢幕，會使調整眼睛焦距的睫狀肌過度疲勞而僵硬，結果導致眼睛感到沉重、視線不清或眼睛深處疼痛等。

而這正是所謂的眼睛疲勞。當肌肉因疲勞而僵硬時，眼睛會無法聚焦，還會伴隨頭痛與肩膀僵硬。此外，眼睛疲勞也會導致大腦疲勞，並對「判斷力」、「思考能力」、「專注力」造成不良影響。

當你「今天怎麼也無法清醒」時，建議可以嘗試一下隨時隨地都能輕鬆做到「眼部按摩」。方法很簡單！閉起眼睛，將手輕輕放在眼皮上，然後上下左右轉動眼球。以按摩來說感覺十分簡單，但短時間就能獲得神清氣爽的效果。長時間在電腦前工作時，建議以1小時為單位按摩1次。減輕眼睛的負擔後，神智不清的腦袋也能再次有效率地開始運作。

不做也行

# PART 5
# 自我思考方式

# 打從心底 不認為自己很棒

「獲得優勝，但仍然留下少許遺憾」、「獲得了世界第一，卻沒能刷新紀錄」等等，運動員當中有許多「禁慾主義」型的選手，他們不但擁有崇高的理想，也會百般迫使自己持續前進。這種現象不僅會發生在體育界，學校學習與職場工作等場合上也會出現。在身心都飛速成長的十幾、二十歲的階段，為了更上一層提升自我能力，「擁有崇高理想」作為目標很重要，可是若過了巔峰仍依舊抱著「一樣的執著」，就會漸漸被理想壓得喘不過氣。當理想令你感到窒息時，或許正是改變想法的時候。

關於改變想法的方法，我建議各位可以把「結果」以外的其他事物作為自我評價的主軸。在還沒有什麼成果前，想要稱讚自己並不容易，但我們可以找出「已完成的小事」，並從這些事開始認可自己。

比如你立下的目標是「減肥瘦五公斤」，即使你還沒達成這個目標，但你可以把注意力放在小小的努力上，比如「有忍住不吃零食」、「慢跑了兩公里」等。把自己有為了那件事付出時間的努力或做得不錯的事，視為是自己的優點，讚美一下自己吧！

POINT

**當理想龐大到令你感到窒息時，正是「轉念」的時候。小確幸也無妨，從結果轉移目光，廣泛地認可自己吧。**

# 無論做什麼都
# 缺乏自信

無論是誰，都會有「擅長與不擅長」的事。遇到不擅長的事情時，努力克服固然重要，但如果一直埋頭鑽研「與個人特質不符」的事，會漸漸喪失自信。為了重新獲得自信，應該要了解自我特質，並做適合自己的事。但話說回來，擁有鮮明的特質，或是清楚掌握自我特質的人其實並不多，事實上，大部分的人都不太知道自己究竟擅長什麼。

如果你也有這個問題，首先可以從自己是「外向型」還是「內向型」開始分析。與許多人一起共事會感到愉快的人可能是外向型，而喜歡一個人仔細思考並實行的人則可能屬於內向型。如果學習或工作模式與自己的所屬類型契合，便能長久地做下去。

另一方面，當你想放下焦急的心情，那麼就要留意「不要與他人比較」。「明明是同期進入公司的競爭對手，對方卻已經升到管理職」或「朋友做著他理想的工作，感覺好像很開心」等等，只要出現這樣比較的想法難免會焦慮起來。當你焦慮時，建議可以找戀人或學生時代的朋友等「能帶給自己正能量」的人聊一聊，應該就能讓自己冷靜下來。

POINT

**不要與他人比較，不要太在意他人，一心一意投入符合個人特質的事！**

# 第一時間就賭定
# 自己不行

經歷工作專案失敗、人際關係進展不順等壞事接二連三發生時，腦袋裡不禁就會冒出「反正像我這種人就是沒救了」、「因為我就是〇〇」的想法。在展開行動之前就習慣把這些話掛在嘴邊的話，很可能你在一開始就限制、否決了自己未來**發展的可能性**。

總是說「反正像我這種人」的人當中，有不少都抱有「不管做什麼，結果都一樣」這樣消極的想法，行動前就選擇放棄。然而，放棄的行為本身就代表你本來有想要做的念頭，或者抱有想要成為某個模樣的期待。難得產生想要做的心情，接下來若能把這個「小小的幹勁」化為前進的原動力，事情一定能豁然開朗。

另一方面，容易覺得「因為我就是〇〇」的人則是會以自身過去的經驗為基準。這類型的人會根據自己過去有過的負面想法，決定自我的評價標準。

假若你有想要挑戰的工作，即使從最基層的打工開始也沒關係，**先邁出一步試試看吧**。不要把事情想得太嚴重，只要拿出一點動力，並用積極的心情去面對的話，通往機會的大門或許就會為你敞開。

POINT

**停止「反正像我這種人……」的找藉口習慣，不要多想，總之先踏出一步試試看吧！**

# 不是自己的錯，也被指出應該「自行負責」

經濟不景氣找不到工作是自己的責任、單親媽媽缺錢缺時間帶孩子也是自己的責任、年老後過著窮困生活也是自己的責任……。現在的日本，對於「自行負責」這個字眼幾乎已經到了濫用的程度。

話說回來，「自行負責」原本是金融界的用語，意思是投資人若是依自己的判斷進行交易，即使發生意料之外的風險，也必須自行承擔責任，用法與現在指涉人的行為、用在人身上完全不同。不僅如此，「自行負責」的意思在廣泛使用的同時也悄悄發生改變，人們開始會帶著批判的目光，把這個詞彙用在和個人努力無關的事，或是會勞煩他人等的事項上。

當日本的新冠疫情爆發傳染時，社會開始普遍出現「得病是自己的責任」的輿論。從這個現象可以看出日本人當中有許多人會習慣把責任推卸給他人。

假若你被他人指責某件事是你的責任時，即使錯不在己，也不免會自責「是不是自己努力不夠才會被這麼講」，但其實沒有必要責怪自己。請不要把這句話往心裡去，只要客觀地想那些人不過是在藉由批評他人來紓解壓力罷了。

POINT

**日本的社會風氣，普遍對他人有很嚴格的道德標準。各位完全沒有必要因此而自責，聽聽就好。**

# 養成習慣自嘲的自虐體質

各位是否會習慣把「我就胖」、「我就是個魯蛇」這類「自我貶低」的話，當成與周遭交談時的流行梗時常掛嘴邊呢？

與他人交流、互動時，自我貶低的行為或許是為了「搏君一笑」，但長久這麼做不但對自己造成精神上的消磨，聽者有時也會不知道該如何反應才好而煩惱，導致現場氣氛陷入一陣尷尬。或許有些人是聽說「如果不自嘲，別人會對自己無法留下任何印象」的說詞而刻意表現這類行為，殊不知這麼做反而才會讓人留下不好的印象。尤其是與歐美人士交流時，無論在哪種場合，對自己沒自信的言行只會招來負面評價，自嘲的發言與態度更是不可行。

人會自嘲的原因涉及到許多背景與深層心理，有時相當複雜。當一個人不希望自己受到傷害，便會選擇透過自嘲隱藏心情，將「貶低自我」當成一種「自我保護」的方法。其他原因還包括過分在意他人，例如因為太在意周圍的人或旁人觀感，而刻意藉自嘲來炒熱氣氛。**可是若養成這種習慣，可能反而容易錯失原本有機會能促成的緣分。**建議不要只說自己的缺點自嘲，應該多方地展現自我。

POINT

**不需要藉由自我貶低的話語來保護自己。相反地，應該盡可能在談話中自我貶低。**

# 假裝自己
# 一點也不寂寞

據說人類是透過與他人的互動與交流，再次覺察「自我的存在」。人在與他人互動的過程中，會無意識地確認「自己確實存在於世界上」、「自己有活著的價值」。因此，當人與他人交流的時間或對話次數減少時，就容易產生強烈的不安與無名的壓力，這也就是為什麼我們會產生「寂寞」、「想與人見面」的心情。**感到寂寞是一種身而為人的本能**，如果無視這種感覺，遲早會出現身心失調的狀況。

據說這種孤獨的風險，男性通常要比女性更高也更為嚴重。如果日常生活總忙於工作，造成私生活的人際關係變得疏遠時，**請不要忽視這個問題，應積極給予「補強」**。每年一次也行，最好能實際與家人和朋友見個面，聊聊彼此的近況。根據哈佛大學《哈佛成人發展研究》(*Harvard Study of Adult Development*)，這份報告密切追蹤大約七百名對象，發現決定美好人生的關鍵不是金錢和名譽，而是「良好的人際關係」。據說良好的社會關係對我們的身體與大腦都能帶來好處。

即使在疫情之下難以實際見上一面，也不要放棄與重要他人的牽絆，建議透過社群

POINT

**承認孤獨感，找時間與重要的親朋好友聊天。空出時間「維繫」人際關係很重要。**

# 回想過去
# 只感到痛苦不堪

學生時代不堪回首的痛苦回憶、職場上某次搞砸的失敗專案、失戀或離婚……，無論是誰都曾有過「糟糕的過去」。

然而這些令人不願再次回想起的記憶，有時卻偏偏會出現在夢裡，或是突然閃現眼前。即使時間飛速流逝，「不好的回憶」依舊緊緊綁住我們，糾纏不休。

遺憾的是，**人類的大腦結構似乎本身就會刻意留下我們感覺「不好的回憶」**。大腦會把我們過去經歷過的恐懼與不安，儲存在大腦深處一個稱為「杏仁核」的杏仁狀神經元集合體當中。可是相對地，「好的回憶」卻不會留下來。為什麼會有這樣的區別呢？可能是因為原始時代的人類，唯有積累攸關性命安危的「不好記憶」才能確保生命的延續，比如遭遇野獸襲擊、吃了某種樹果而吃壞肚子等

然而，**隨著時代進展，原始時代必備的「生存機制」，卻成了現代人大大的絆腳石**。儘管我們無法違抗本能，但可以選擇忽視。例如開始一段新的戀情，或是培養新的興趣，透過這些方式轉移注意力，告訴自己「人不會記得別人的失敗」。找出與過去共處的方法，擺脫記憶的束縛吧！

POINT

**保留「不好的記憶」是大腦內建的生存機制。請放棄與本能對抗，並學習適度擺脫的方法。**

# 深深相信
# 為他人奉獻
# 是幸福的準則

「捨身」是指不顧自身利益，為對方盡心盡力的行為。這絕對不是件壞事，問題在於，如果你太過拚命地滿足他人的慾望時，不但容易忽略自身的需求，還會讓自己成為一個「任人差遣」的工具人。

為他人付出就會感到幸福——無論男女，都具備這種和善且溫柔的人格特質，然而當中也有很多善良的人，內心深處其實是對自己沒有自信。假若缺乏自信與強烈的自我意識，就會變得過分依賴與特定對象之間的關係，然而這並不是真的為了對方好。

我們不應該什麼事都搶著幫對方做，也要留意**如果是對方自己想做或能做到的事，就要讓對方自己完成。**連對方沒有開口請求的事都搶著自己做完，這種行為已經不是體貼，而是自我滿足。如果你會從「為他人盡心盡力」這件事上獲得被需要的感覺時，代表你很可能非常依賴對方，**建議要漸漸把目光放回自己身上，學習以「自己的事情」為優先。**

可以先與對方保持距離，並培養運動、烹飪或手工藝等能看得見成果的興趣以獲得自信。好好空出屬於自己的時間吧！

POINT

**過度為別人犧牲奉獻，小心變成一個「任人差遣」的人。不要連對方能辦到的事都搶來自己做。**

# 忽然間湧現
# 活得很茫然的念頭

「活得很茫然」這種感覺並不奇怪，無論是誰都曾有過這種想法。

比如覺得每天的工作都只是做反覆一樣的事，沒有新的邂逅、也沒什麼有趣的事，甚至覺得無力去扭轉這樣的日常；人生沒有夢想，幾年的時光在發呆中轉瞬即逝……。我們總容易把這件事看得很負面，可是當你產生這種自覺時，其實是因為你已經無法滿足於現狀，並且為此感到愈來愈不安。

人之所以會產生這種不安感，可能的原因有三種。首先是欠缺「自我提升感」，覺得「如果我繼續這樣的生活，未來是不是什麼都不會改變」；再者是覺得自己「對社會的貢獻度低」，認為「我好像對社會沒有任何用處，派不上用場」；最後則是「過度勞動」，每天過於忙碌，久而久之便會失去生活感。

然而庸庸碌碌地活著也未必是件壞事。**就算沒有成長，對社會也沒什麼貢獻，只要活著就已經是一件很了不起的事。**

但如果你還是覺得「茫然活著的焦慮感很痛苦」的話，那麼就建議慢慢地去思考什麼樣的狀況能讓自己感到滿足。

POINT

**無論是誰，都會有感到「人生迷茫」的時刻。請記得只要活著，就是一件很了不起的事了。**

# 明明生活美滿，卻依然感到不滿足

「無法滿足」的心情，會因為你的觀點不同，而產生正反兩面的意義。比如「雖然我在同期進入公司的同事之中第一位升上課長，但我希望能更有成就」，這時不滿足於現狀的心情，會成為邁向下**一個成長階段與變化的「正面動機」**，這就不成問題。

然而像是「在參加多場聯誼後，終於交到心儀的對象，但真正交往後卻沒有想像中滿意……」則屬於負面的例子。當你浮現這種無法滿足的心情時，可能就得在心中檢視一下，自己是不是陷入「完美主義的陷阱」。

當一個人落入完美主義的陷阱，慾望會變得無窮無盡。即使成功轉職，也覺得工作內容不如自己的期待；與伴侶結婚共組家庭後，又忍不住羨慕起單身的朋友等等。對完美主義者來說，「感到滿足」的那一天永遠都不會到來。一旦你不在某個堅持上取得妥協與平衡，那麼你將永遠無法感到幸福。

獲得至高完美的「滿足」終究是天方夜譚，想要過上健康且順遂的每一天，有時學會與理想妥協也很重要。當你認清現實的極限，人生反而才會變得充實。

POINT

**一直糾結在不足的地方，永遠無法有滿足的一天。請在心裡檢視自己是不是落入了「完美主義」的陷阱。**

# 面對他人攻擊，卻只能隱忍吞聲

近年來，人們日益重視各種場合的騷擾問題，舉凡職場上的權力騷擾、性別方面越界行為的性騷擾，以及上司或夫妻戀人之間的精神霸凌等。雖然受害對象通常會因個案而異，但在權力騷擾的案例中，「乖巧認真」、「沒主見」的人往往容易成為霸凌者的目標。不過，考量到環境與人際關係等因素差異，實際上任何人都很有可能成為騷擾行為下的受害者。

會騷擾、霸凌他人的人，大多都自認為「自己這些行為都是正確的，錯在對方」。他們擁有極高自尊，卻對自己缺乏自信，對這類人而言，要承認犯錯是件格外難受的事。為了逃避責任歸屬、不想拉下面子道歉，因此他們會「歸咎於他人」以推卸責任，不肯承認自己的錯誤。

因此，當你發現上司、同事或同學等人好像會把什麼事都「歸咎於你」，並隱約感覺對方表現出來的態度是在找碴的時候，請仔細地記錄雙方衝突的經過，也建議錄音留證。接下來最重要的關鍵，就是務必讓周圍人也參與進來。經常與旁觀的第三者分享訊息，確保盟友以備不時之需。受害者並沒有錯，請毅然決然做好堅實的防護網，好好保護自我。

POINT

**當你感覺自己遭受騷擾、霸凌時，請好好保留證據，並拉攏盟友設立堅實的防線。**

# 把煩躁的情緒遷怒他人

「最近容易因為一點小事就感到煩躁」、「雖然知道不是對方的錯，但總忍不住遷怒他人」等，當你發現似乎無法控制自己的情緒時，建議客觀地審視一下目前所處的狀況。

煩躁感通常是因為事態的發展與獲得的事物不如人意。據說愈是認真上進的人，就愈容易陷在煩躁易怒的情緒當中。當我們的內心被各種事物塞滿、缺乏餘裕時，就容易變得「連自己也都無法溫柔以待」。

這時我們最需要做的，並不是解決造成煩躁的那件事就好，而是要探究無法溫柔待己的原因並減輕壓力，這才是根本之道。

首先，我們可以從基本的「檢視生活習慣」開始，記錄每天的日常飲食與作息，確認有沒有好好吃飯？睡眠時數是否足夠？每天都有獲得充分的休息嗎？睡眠不足同樣會使人感到焦躁，因此調整生活作息也很重要。

檢視完日常生活後，接下來試著找職場同事或家人以外的人談話。狹隘的人際關係有時也是造成內心焦躁的根源，就算無法在現實中實際見面，透過電話或視訊話也同樣有效，只要聽到對方的聲音，應該就能轉換煩躁不已的心情。

POINT

**不是去解決讓你焦躁的那件事，而是要減輕壓力。就算只是透過電話聽聽朋友的聲音，也能緩和心情。**

# 無論好的壞的，自己都要高人一等

日本近幾年流行的網路用語「マウント」，意思是刻意展現自己比他人優異的，讓自己居於上風的行為。其中能拿來炫耀的事物更是百百種，從工作、年收、學歷、外貌，到孩子成績等，什麼都能拿來比較。

如果你會從這樣的行為中得到快感，那麼你很可能是在透過貶低他人的過程中，消除自己內心的不安。

這種凡事展現優越感的行為，很容易發生在對於與他人的競爭很敏感，而且認可需求強烈的人身上。然而，其實只有對自己沒有自信，生活也不充實的人，才會執拗地想讓自己時時刻刻「處於上風」。

當自己顯得比他人高人一等時，一瞬間也許很爽快，但這種行為只會給對方帶來不快，結果只會變得愛情、友情兩頭空。

人際關係並不是拿來與自己比較的關係。如果總是用氣勢凌人的態度對待他人，終究無法拓展豐富的人際關係，最後剩下來的終究只有孤獨。為了避免淪落這樣的窘境，我們應多方考慮他人的感受。「己所不欲，勿施於人」雖然是個簡單的道理，但應銘記於心。

POINT

**賣弄炫耀只能逞一時之快。多站在對方立場為他人著想，便能溫柔待人。**

# 自己的人生大事，交給別人決定

在僅此一次的漫漫人生中，任何人都不希望每當面臨升學、就業、轉職、結婚等重要轉捩點上做出錯誤的「抉擇」。但也有人會因為太害怕失敗而「無法自己決定」、「不想自己思考」，結果拜託父母或伴侶幫自己決定。然而這種看似安全的作法其實十分危險。

這是因為，當你放棄人生的自主權，把事情整個丟給他人時，**一旦事情進展不順利，就容易把責任「歸咎他人」**。就算你聽從父母的話決定了前途專業，可是在實際嘗試前，誰都不會知道那是不是個正確的選擇。

每個人都會對「做出抉擇」這件事感到不安，任何人都不想嚐到失敗的苦果。所有的人生抉擇沒有必要百分百都由自己思考決定，**徵求周圍人的建議，蒐集參考意見也很重要。而在聽取各方多樣的意見後，最重要的是最後要由「自己做出裁決」**。雖然需要一點勇氣，但是自己的人生如果不是由自己做主選擇，哪怕順遂一時，未來的某天仍然會留下遺憾，而且歲著時間愈長，可能也會愈來愈不幸福。此外，向他人尋求幫助時，請留意你是要向他們「諮詢」，而不是「拜託」他們幫你決定。

POINT

**輕易把「選擇權」交出去，會降低人生的幸福度。選擇過什麼樣的人生，終究取決於你的決定。**

# 努力思考未來，卻變得不安

新冠疫情的流行，對全世界造成前所未有的衝擊，相信無論是誰腦海中多少都湧現過「怎麼會發生這種事」的質問吧。未知的病毒改變習以為常的生活，我們怎麼也想像不到未來某一天會迎來口罩不離身的日子。然而，就好比新冠疫情一樣，「將來」、「未來」這類字眼本來就是無法想像到的事物。

思考將來會不由自主地感到不安，這其實是件正常的事，**人通常是在「獨自一人」或「閑散」**的時候較容易湧現不安的情緒。這是人類這種生物所具備的習性，當我們進入無法和他人隨意交流的狀態，或是失去原先的工作時，人就會逐漸不安起來，一旦陷入不安的心理，就很難靠自己走出來。

想要緩解不安，必須要靠與周圍環境的交流。**「專注於眼前的事物」正是最好的解決辦法**。生活當中有許多習慣能幫助我們練習如何集中注意力，家事、學習、讀書、抄經等，以及慢跑動動身體也很有效果。

然後，請在晚上獲得充足的睡眠，如此我們便能神清氣爽地迎接名為明日的「未來」。

POINT

**身而為人，我們本來就無法預視未來。消除不安最好的方法是「專注當下」。**

希望大家在閱讀本書時，能再次體認到「這件事不做也行」，或是「那種事不做的話心裡會比較輕鬆」。

我們需要堅強的意志，才能持續堅持不去做「不做也行的事」；面對周遭普遍認為理所當然的事情時，我們也應該要抱持「不這麼做，會不會反而比較好」的懷疑態度。

然而在這樣的過程中，各位或許也會不禁煩惱起「不做真的行嗎……」。這個時候，請各位回想在新冠疫情之下被迫暫停或取消某些行為或事物時，實際上對我們的生活也沒造成什麼問題。這真的沒什麼，停止以往認定「本來就該如此」的價值判斷，並視現況為既定的事實，那麼當前的改變就能成為我們的「新日常」。

儘管如此，各位或許還是會對本書某些內容心懷抗拒或無力感——

●那種事根本做不到啊

●等疫情結束後，一切又會恢復原貌

●就算自己想要停止，但周遭的人也不會配合

●是因為社會風氣如此，我才無法停止壞習慣

●「不想這麼做」的我，才是有問題的人吧

可是，就算無法化為實際的行動，但抱持「我其實不想做這件事」、「我想要到此為止」的想法本身才是最重要的。最糟糕的，其實是對不做也行的事情感到麻痺，或不做半點掙扎便放棄改變。

如果沒有察覺到有些事不堅持也行，或者即便有發現，也因為無可奈何不如乾脆放棄轉變的話，疫情前的無聊事便會在一瞬間復活，而我們又會像之前一樣坐以待斃，這將讓我們的心靈益發疲倦。

請各位正視心底「這種事不做也沒關係」的聲音，即使得忍受一時，也要將目光放向將來，等候適當的時機抓住能夠突圍的機會。

當您閱讀本書後，察覺到「這件事不做也沒什麼不好」，相信就已經能稍稍減輕心靈上的倦怠感了吧。從明天，不，就從今天開始，讓我們一起「停止」某件事吧。就讓我把這句話作為最後的鼓勵送給各位！

## 西多昌規

精神科醫師，醫學博士。目前於早稻田大學運動科學學術院擔任副教授。1970年生於石川縣，畢業於東京醫科齒科大學。曾任東京醫科齒科大學助教、自治醫科大學講師，以及哈佛大學與史丹佛大學研究員等，現為精神科專科醫師，具備睡眠治療醫師證照。專業為精神醫學、睡眠醫學、身體運動與心理健康，也從事運動員的心理健康管理。著有《不被情緒左右的28個練習》（三采出版）、《精神科名醫剖析！23種職場「麻煩人物」快攻法》（台灣東販出版）、《定力》（八方出版）、《管理你的慌張》（大是文化）等多本著作。

STAFF

裝幀・本文設計：木村由香利（986DESIGN）

插畫：うのき

執筆協力：寺田薫

編集：有限会社ヴュー企画（志田良子）

企劃・編輯：端 香里（朝日新聞出版 生活・文化編集部）

やめてもいいこと86 心の疲れをとる事典

YAMETEMO II KOTO 86 KOKORO NO TSUKARE WO TORU JITEN



出　　版／楓葉社文化事業有限公司

地　　址／新北市板橋區信義路163巷3號10樓

郵政劃撥／19907596　楓書坊文化出版社

網　　址／www.maplebook.com.tw

電　　話／02-2957-6096

傳　　真／02-2957-6435

監　　修／西多昌規

翻　　譯／洪薇

責任編輯／江婉瑄

內文排版／楊亞容

港澳經銷／泛華發行代理有限公司

定　　價／320元

出版日期／2021年11月

國家圖書館出版品預行編目資料

克服倦怠和低潮的86個心靈紓壓祕方 / 西多昌規監修；洪薇翻譯. -- 初版. -- 新北市：楓葉社文化事業有限公司, 2021.11　面；　公分

ISBN 978-986-370-330-3（平裝）

1. 壓力 2. 緊張 3. 抗壓 4. 生活指導

176.54　　110014684